Enchiridion Geistliker Leder *vnde* Psalmen, Magdeburg 1536

EMORY TEXTS *AND* STUDIES
IN ECCLESIAL LIFE

General Editor: Channing R. Jeschke
Number 2: Enchiridion Geistliker leder vnde Psalmen,
Magdeburg 1536

1994

ENCHIRIDION GEISTLIKER LEDER *vnde* PSALMEN, MAGDEBURG 1536

INTRODUCTORY STUDY
AND FACSIMILE EDITION
BY STEPHEN A. CRIST

1994 SCHOLARS PRESS

EMORY TEXTS AND STUDIES
IN ECCLESIAL LIFE

ENCHIRIDION GEISTLIKER LEDER UNDE PSALMEN
Introductory Study and Facsimile Edition

by
Stephen A. Crist

©1994
Emory University

Library of Congress Cataloging in Publication Data
Enchiridion geistliker leder unde Psalmen / introductory study and
facsimile edition by Stephen A. Crist.
p. of music. — (Emory texts and studies in ecclesial life ; no.
2)
Hymns, in part with melodies.
Low German words.
Originally published: Magdeburg : Michael Lotter, 1536.
Includes bibliographical references (p.) and index.
ISBN 1-55540-967-9.
1. Hymns, Low German. I. Crist, Stephen A. II. Series.
M2138.E5 1994 94-240
CIP
M

Published by Scholars Press
for
Emory University

The original hymnal is part of the
RICHARD C. KESSLER REFORMATION COLLECTION,
Pitts Theology Library, Emory University.

Publication of this facsimile edition
was made possible by gifts from the
Candler School of Theology and Richard C. Kessler.

CONTENTS

GENERAL EDITOR'S PREFACE

In the world of scholarly research and publication, the role of antiquarian book and manuscript dealers is too frequently overlooked and unacknowledged. Yet it has been this librarian's experience that they have been among my closest confidants and allies. They have shared my dreams for collection development and have been my eyes and ears in foreign places. They have led me into new fields of investigation that my previous training and experience had not prepared me to enter, and they have celebrated singular new additions to our collections with genuine delight for our good fortune. Dr. Frieder Kocher-Benzing has been such a mentor and friend.

It was a few minutes to five o'clock one summer evening six years ago, and I was beginning to clear my desk in preparation for going home. My phone rang and it was Frieder Kocher-Benzing of the Stuttgarter Antiquariat. "Channing, I just arrived home and I cannot go to bed before I tell you what I have brought into my house." In Stuttgart, it was eleven P.M. When he told me what he had, there were two of us who could not sleep that night.

Frieder told me of a beloved, older colleague in another city, who had recently died. He had been a person whom Frieder had admired as a mentor in the antiquarian book business. In the man's will, he had directed his family to give Frieder first right of purchase of materials in his possession. Martin Luther's September Testament of 1522 was among these materials. Here was the piece that many scholars considered to be Luther's greatest achievement, the translation of the Scriptures into German. With Lucas Cranach's remarkable series of woodcuts based on the Revelation to John, the September Testament is one of the great illustrated books of the Reformation.

In a few anxious weeks I arranged to complete our transaction, and in late September I flew to Stuttgart to pick up the volume. As I visited with Frieder in his office, he showed me some select pieces from his stock. Among these was the *Enchiridion Geistliker leder vnde Psalmen*, printed by Michael Lotter at Magdeburg in 1536, and presented here as a facsimile edition by Stephen A. Crist.

Dr. Crist is a musicologist at Emory University and a Bach scholar. In this, the second volume of *Emory Texts and Studies in Ecclesial Life*, Dr. Crist presents the findings of his investigation of this unique copy of a Low German hymnal, and places it in the context of the transmission of hymn texts in North Germany during Luther's lifetime. We are grateful to Professor Crist for the new insights he has brought to this study of Lutheran hymnody.

Channing R. Jeschke, General Editor and
Margaret A. Pitts Professor of Theological Bibliography
Emory University
November 16, 1993

Enchiridion Geistliker leder vnde Psalmen

(Magdeburg: Michael Lotter, 1536)

INTRODUCTORY STUDY AND FACSIMILE EDITION[1]

by Stephen A. Crist

The Importance of the Magdeburg Enchiridion

For nearly 150 years, since Philipp Wackernagel's pioneering study,[2] the sources of early Lutheran hymnody have been subjected to intensive scholarly scrutiny. Because they have been investigated so thoroughly, it is unusual for a previously unknown or little-known hymnal from this period to come to light. The book that is reproduced here, however, represents just such a case. Since the *Enchiridion Geistliker leder vnde Psalmen* (Magdeburg: Michael Lotter, 1536) was long in private possession, it is absent from the older studies of early hymnody (by Wackernagel, Geffcken, Bachmann, Wiechmann, and others) and from the standard list of Low German prints (by Borchling and Claussen). In 1962, when it passed from one owner to the next, the Magdeburg *Enchiridion* was the subject of a short article in the catalog of the antiquarian bookshop that handled its sale.[3] Shortly thereafter, it was mentioned briefly in the leading hymnological yearbook,[4] and it has since appeared in several listings of sixteenth-century prints.[5] But until now this source has eluded systematic investigation. The purpose of this study and edition is to assess the place of the Magdeburg *Enchiridion* in the history of Lutheran hymnody and to make it available for further study.

Not every old book is worth reprinting. Why does this volume deserve to become more widely known? First, it is one of the few surviving Low German hymnals dating from Luther's lifetime. Until well into the sixteenth century, Low German (more closely related to English, Dutch, and modern Plattdeutsch than to High German) was the spoken and written language of North Germany.[6] This area included the northern cities of Emden, Bremen, Hamburg, Lübeck, and Rostock, and extended as far west as Cologne and as far south as Magdeburg and Wittenberg.[7] Since High German apparently was not readily understood in the North, the writings and songs of the Reformation were translated into Low German.[8] In addition to the Bible, Luther's works, and other catechetical and ecclesiastical writings, hymnals began to appear in Low German as early as 1525.[9] Although Low German hymnals were quite common in the second quarter of the sixteenth century, only a handful have been preserved (see Appendix 3). The vast majority of these books wore out from constant daily use, were destroyed by enemies of the Reformation,[10] or were discarded as Low German gradually was replaced by High German in the first half of the seventeenth century.[11] The Magdeburg *Enchiridion*, then, offers a rare glimpse of what was once a flourishing print culture.

Second, this volume is one of the earliest hymnals printed in Magdeburg. This city, the first major free city in North Germany to adopt the ideas of the Reformers,[12] had a long and proud association with Martin Luther. In 1497 Luther had been a pupil in the cathedral school, and "he probably sang in the cathedral worship services as a member of the school choir."[13] The city chronicle reports that on 6 May 1524 "a poor old man" [*ein loser Bettler*] stood in the marketplace, and offered for sale and sang two of Luther's earliest hymns, "Aus tiefer Not schrei ich zu dir" and "Es wollt uns Gott genädig sein."[14] Before long Luther's songs were introduced for daily use in the churches.[15] In early June a civic official, Nicolas Sturm, traveled to Wittenberg and invited Luther to visit the city. During his week in Magdeburg Luther preached to large crowds, and by the time he left almost everyone was committed to his ideas. By July Protestant pastors had been installed in the city's churches, and shortly thereafter Luther sent a member of his inner circle, Nicolaus von Amsdorf, to continue the work of the Reformation. Under Amsdorf's leadership Magdeburg was among the first to accept the Augsburg Confession, and it became "the primary bulwark of Lutheranism in Northern Germany."[16] The *Enchiridion*, containing many hymns by Luther and his circle, documents yet another link between this city and the most prominent German Reformer.

Third, the Magdeburg *Enchiridion* was published by Michael Lotter, the most important printer of Luther's works in Magdeburg.[17] Michael (c. 1499–after 1556) was the third son of Melchior Lotter, Sr. (before 1470–1549), a distinguished printer in Leipzig who published the works of Luther, the early humanists, the classics, and Catholic literature.[18] Michael's older brother, Melchior, Jr. (born c. 1490), established the Wittenberg branch of his father's business. Beginning in December 1519, he printed many of the writings of Luther and his circle, including the first edition (1522) of Luther's translation of the New Testament, the so-called September Testament. A dispute with a local bookbinder escalated to the point that eventually he fell out of favor with Luther and the elector, and in the early months of 1525 returned to his father's shop in Leipzig.[19] During the summer of 1523 Melchior, Sr. had sent Michael to Wittenberg to assist his brother. For nearly two years the Lotter brothers printed both jointly and individually. In 1528 Michael moved his print shop to Magdeburg because there no longer was enough work for him in Wittenberg. Over the next thirty years, several hundred works appeared with his imprint.[20]

The Magdeburg *Enchiridion* is significant not only because it is one of the first hymnals printed by Michael Lotter but also because it is based on a different model than the other extant Low German hymnals. Except for the two earliest (1525 and 1526), almost all of the Low German hymnals printed during Luther's lifetime are editions of the so-called double hymnal, published by Ludwig Dietz in Rostock in 1531 (no. 3 in Appendix 3). By contrast, the Magdeburg *Enchiridion* is patterned after the first congregational hymnal in Leipzig, published around 1530 by Michael Blum.[21] Though the Rostock and Leipzig hymnals contain roughly the same repertory, the order of the individual songs differs.[22] Michael Lotter possibly obtained a copy of Blum's book from his father who was still active as a printer in Leipzig during the 1530s.

Finally, the Magdeburg *Enchiridion* merits closer examination because, in addition to the printed material, its endpapers contain four handwritten hymns. These manuscript entries, mentioned by Volz only in passing,[23] are transcribed and identified for the first time in Appendix 2. The hymns, apparently penned in the early 1540s, are valuable for the light they shed on the early transmission of this repertory. Furthermore, their orthography, which differs significantly from that of the printed songs, provides important clues concerning the early whereabouts of the book.

Description of the Magdeburg Enchiridion and Its Repertory

The Magdeburg *Enchiridion* belongs to the Richard C. Kessler Reformation Collection of Pitts Theology Library at Emory University (Atlanta).[24] It was acquired in February 1988 from the Stuttgarter Antiquariat (Dr. Frieder Kocher-Benzing). According to the listing in DKL, it was formerly in private possession in Munich.[25] Nothing further is known about its provenance.

The book was published in 1536, ten years before Luther's death; no other copies are known to have survived. Its dark-brown cover (leather on wood) is badly worn. Along the right edge are two broken brass clasps. At the bottom of the front are the faint remnants of a tooled inscription: [?]SICVTMOGSEXS[?]. The volume's small size (sextodecimo) and its title (the Greek word "enchiridion," meaning "manual" or "handbook," was frequently used for personal hymnals in the early years of the Reformation) indicate that it was intended for personal use.

The title page, decorated with a woodcut border depicting two angels above, five angels (with music) below, and pillars at the left and right, bears the words:

Enchiridi=
on Geistliker
leder vnde Psalmen,
vppet nye gecorri=
geret.
Sampt der Vesper
Complet / Metten
vnde Missen.

(Handbook of spiritual songs and psalms, newly corrected [i.e., brought into conformity with Lutheran doctrine]. Including Vespers, Compline, Matins, and the Mass.) Lines 1-2 and 6-8 are printed in red; lines 3-5 in black.

The book is in octavo format with the collation: A–O^8. In addition to the usual letters and Roman numerals of the signatures, each double-page opening is designated a single "page," since the heading at the top, which has the form "Dat [Roman numeral] Bladt," spans both pages. The index at the back of the hymnal gives the page numbers according to this system (although over half of the entries are incorrect). For this reason, in the following description an individual page is not identified as recto or verso of a leaf but rather as the left or right side of a "page." For example, "2L" and "2R" refer to the left and right sides of "page" 2, respectively. At the bottom of the last printed page (112R) is the colophon: "Gedrücket tho Mag / deborch dorch Michael. / Lotther. / M. D. xxxvj." (Printed in Magdeburg by Michael Lotter, 1536).

The first item in the *Enchiridion* (2L-3L) is a Low German translation of Luther's preface to Johann Walter's *Geystlicher gesangk Buchleyn* (Wittenberg: Joseph Klug, 1524), the so-called *Chorgesangbuch*, the first hymnal prepared under the Reformer's supervision.[26] This is followed by a group of thirty-seven hymns (3L-43L): twenty-five by Luther and twelve by members of his circle (three each by Johann Agricola and Paul Speratus, two by Michael Stiefel, and one each by Erhart Hegenwalt, Lazarus Spengler, Justus Jonas, and Elizabeth Creutziger). As mentioned earlier, these songs, listed in Appendix 1, are Low German versions of those in the *Enchiridion* published by Michael Blum in Leipzig around 1530, and both books have them in the same order.[27] While Lotter's hymnal follows Blum's quite closely in most respects, several notable additions and changes indicate that he made use of other sources as well. For instance, Lotter provided melodies for Agricola's "Gottes Recht und Wundertat" (21R), Luther's "Wär Gott nicht mit uns diese Zeit" (28L) and "Es spricht der Unweisen Mund wohl" (30R), and Speratus's "In Gott gelaub ich, daß er hat" (38L), though Blum's book contains only the words. In addition, he gives a different tune for Speratus's "Hilf Gott, wie ist der Menschen Not" (36R). Furthermore, instead of printing Blum's melody for Stiefel's "Dein armer Hauf, Herr, tut klagen," Lotter calls for it to be sung to the melody of the *Pange lingua* (9R). In several cases, he also supplemented the information given in Blum's headings. For example, Lotter added the date (1 July) to the year (1523) for Luther's "Ein neues Lied wir heben an" (6R). And he identified more fully the author of "Herr Christ, der einig Gotts Sohn" as "Elisabeth Crützigerin" (29R) rather than simply "Elisabeth M."[28]

The next section (43R-45R) is a set of four old church hymns ("etlike geistlike leder / van den olden gemaket"): Low German translations of "Der Tag, der ist so freudenreich" (German version of *Dies ist laetitiae*), the macaronic *In dulci jubilo*, "Christe der du bist Tag und Licht" (German version of *Christe qui Lux*), and the *Leise* "Christ ist erstanden." They are preceded by a brief explanation of the reason for their inclusion: "We have included the old hymns, which follow here, to clearly show how certain pious Christians, who have lived before us in the great darkness of false doctrine, nevertheless still witness to all times and peoples how to know Christ aright, and through God's grace remain immovably constant to this decision."[29] Since two of the songs (*In dulci jubilo* and "Christ ist erstanden") are not in Blum's *Enchiridion* and the introductory sentence (also absent from Blum) matches a passage from Klug's 1529 Wittenberg hymnal, clearly this part of the Magdeburg volume derives from the 1529 source or a book based on it.

The last group of hymns (45R-82R) is an eclectic collection of thirty-four "made by pious men in places other than Wittenberg."[30] Among the localities represented are such far-flung cities as Nuremberg (Hans Sachs), Strassburg (Matthäus Greiter, Wolfgang Dachstein, and Symphorianus Pollio), Riga (Andreas Knöpken), Breslau (Ambrosius Moibanus), and Basel (Johann Kohlross). Again the influence of the Leipzig *Enchiridion* is evident, although it is much less pronounced than in the first section. Several sets of hymns are in the same order as in Blum's volume. For instance, the anonymous songs of Margrave Casimir, Margrave George, and Mary of Hungary (nos. 43-45 in Appendix 1) are at the beginning of this part in both books.[31] Similarly, at the end are three hymns by Thomas Müntzer (nos. 73-75).[32] This section also contains a group of seven metrical psalms (nos. 64-70) that are ordered differently than in the Leipzig *Enchiridion*: Lotter rearranged them so that they appear in the correct numerical sequence. A fourth set includes six songs from Blum's book (nos. 53-55 and 57-59). But two more (nos. 60-61) are appended to this group, and another (no. 56) is interpolated in between. All three of these additional songs are in the second part of Joachim Slüter's "double hymnal" of 1531 (Appendix 3, no. 3). This book, or one of its many later editions, presumably was also the source for a number of other hymns. The songs by Greiter, Dachstein, and Knöpken (nos. 48-52) are the most notable group. But two others that may have been penned by Slüter himself (nos. 71-72) are also absent from the Leipzig *Enchiridion*.

While almost all of the hymns in the final section of the Magdeburg *Enchiridion* are also in Slüter's 1531 hymnal, clearly it did not serve as Lotter's sole (or even principal) exemplar. Apart from significant differences in the order of the songs, the Magdeburg *Enchiridion* includes three (nos. 46, 62, and 66) that are not in the Rostock volume.[33] An important clue that Lotter probably worked from a later edition of Slüter's book is the inclusion of "Fröwet iuw fröwet iuw in desser tidt" (no. 46). Though it is in neither the Leipzig *Enchiridion* nor the 1531 edition of Slüter, it begins to turn up in Hans Walther's 1534 reprint (Appendix 3, no. 4).[34]

Like the Leipzig and Rostock hymnals, the Magdeburg *Enchiridion* includes the orders of worship for Vespers, Compline, Matins, and the Mass. The general outlines of these services, especially the daily Offices, are similar in all three books. While detailed comparisons cannot be pursued here, below is a brief inventory of the components of each service in the Magdeburg *Enchiridion* that makes note of major differences from the two earlier volumes (L = Leipzig *Enchiridion*, c. 1530; R = Rostock hymnal, 1531).

De Düdesche Vesper (82R-86L)
1. Antiphon: "Kum hillige geist Here Godt" (Luther)
2. Collect: "O Barmhertige Godt"
3. Psalm 114: "DO Israel vth Egypten töch"
4. *Magnificat*: "MIn seele erheuet den HEREN"
5. Lord's Prayer
   Not in L or R.
6. Collect: "O Almechtige Godt"
7. Collect: "O Güdige Godt"
   Not in L.

De Düdesche Complet (86L-91L)

1. Psalm 4: "ERhöre my wenn ick rope"
2. Psalm 25: "THo dy HERE erheue ick myne seele"
3. Psalm 91: "WOl vnder der bescharminge des alder högesten sitt"
   R has Psalm 134, too.
4. *Nunc dimittis*: "HEre nu lestu dynen dener in dem frede varen"
5. Lord's Prayer
   Not in L or R.
6. Collect: "O almechtige Godt"
7. Collect: "Vorschone Here"
8. *Salve regina*: "HEre Godt van herten wy dy gröten"
   Not in R.
9. *Da pacem Domine*: "Vorlene vns frede gnedichlick"
   In the first part of R (Ci), but not listed in the order of worship for Compline;
   L has a different version.
10. Collect: "Almechtige Godt"
    Not in L or R.

De Düdesche Metten (91R-99R)

1. Psalm 1: "WOl deme de nicht wandert im rade der Godtlosen"
2. Psalm 2: "WOrumme dauen de Heiden"
3. Psalm 3: "OCh HERE wo ys myner viende so veel"
4. Antiphon: "Umme den vordenst des louen"
   Not in L or R.
5. Versicle: "Bewise vns Here dine barmherticheit"
   Not in L or R.
6. Lord's Prayer
   Not in L.
7. Lesson
   Not in L.
8. Response: "So wy dat gude entfangen hebben van der handt des Heren"
   Not in L.
9. Versicle: "Bloth bin ick vthgeghan van myner moder"
   Not in L.
10. *Te deum laudamus*: "O Godt wy lauen dy"
    Psalms 93, 100, 63, 67, and 148 for Lauds appear between the *Te deum* and *Benedictus* in R.
11. *Benedictus*: "GEbenediet sy Godt de Here van Israel"

12. Antiphon: "Gebenedyet sy Godt de Here van Israel"
    Not in R.

13. *Benedicamus*: "De almechtige Godt wolde vns synen Segen geuen"
    Not in R.

14. Collect: "Here Godt"

15. Collect: "Almechtige ewige Godt"
    L and R have an additional collect between nos. 15 and 16.

16. Collect: "Here Jhesu Christe"

De Düdesche Misse (99R-109R)

1. Confession (*Confiteor*): "UNse hülpe sy in dem namen des Heren"
   Not in L.

2. Absolution: "DE almechtige barmhertige Godt"
   Not in L or R.

3. Introit: Psalm 34: "ICk wil den HEREN lauen alle tidt"
   L does not specify which hymn or psalm should open the Mass;
   R calls for "Uth deper nodt schrye yck tho dy" (Psalm 130).

4. *Kyrie*: "HERE vorbarme dy vnser"
   L calls for the threefold *Kyrie* in Greek.

5. *Gloria in excelsis*: "ALlene Gade in der höge sy eere" (Nikolaus Decius)[35]
   L and R have a different version.

6. Greeting: "De HERE sy mit iuw"
   Not in L.

7. Collect: "O almechtige Godt"
   Not in R.

8. Collect: "O Godt Vader vorlene vns"
   Not in L.

9. Epistle

10. Alleluia
    Not in L;
    in R, the Alleluia is placed after the hymn.

11. Hymn: "De heil de ys vns kamen her" (Paul Speratus) or another of one's choice
    L suggests "Nu bitten wir den heiligen geist" (Luther);
    R calls for "Dyth synth de hylghen teyn geboth" (Luther).

12. Gospel

13. Creed: "Wy löuen all an einen Godt" (Luther)
    R includes an alternative version, too.
    In L, the Creed is followed by the sermon.

14. Confession and Absolution (*Eine Christlike wise tho bichten*): "LEue Here vnde
    gude fründt"
    This section precedes the Mass in L and R.

15. Lord's Prayer
    This comes after the *Sanctus* in R, and includes the Scriptural context from Matthew 6.

16. Warning: "LEuen fründe Christi"
    Not in R.

17. Warning: "MYne alder leuesten in Godt"
    Not in L;
    after the *Agnus dei* in R (and followed by another).

18. Words of Institution
    Preceded by the *Sursum corda* in R.

19. Hymn: "Godt sy gelauet" (Luther), "Jhesus Christus vnse Heilandt" (Luther), or *Sanctus*
    In L these hymns are mentioned after the *Sanctus*;
    in R the *Sanctus* only is specified.

20. *Sanctus*: "HIllich ys Godt de Vader" (Decius)[36]
    L and R both have different versions.

21. *Agnus dei*: "O Lam Gades vnschüldich" (Decius)[37]
    L has a different version.
    In R it is preceded by a brief prayer ("O Here erlöse vns van allen sychtigen vnd vnsychtighen vienden") and the *Pax domini*.

22. Collect: "WY dancken dy almechtige HERE God"
    R has a different collect.[38]

23. Benediction: "De HERE segene dy vnde behöde dy"

Thirty-one of the seventy-five hymns in the main part of the Magdeburg *Enchiridion*, plus the *Te deum* in the Matins service, have music. In the *Te deum* (94L-97R) the text is underlaid beneath the notes; in all other cases the music is printed separately before the words. Again a remarkably high degree of congruity exists between the Magdeburg and Leipzig *Enchiridia*. Lotter's book provides music for almost the same hymns as Blum's, especially in the first section, the songs of Luther and his circle.[39] Moreover, apart from misprints (which are numerous in both books), the Magdeburg volume agrees with the Leipzig hymnal even when there are significant variants that set them apart from other sources (e.g., the end of Hegenwalt's "Erbarm dich mein, o Herre Gott" [no. 12]).

One of the most intriguing features of the Magdeburg *Enchiridion* is the group of four handwritten hymns in the endpapers (transcriptions, with parallel High German versions, are provided in Appendix 2). Apparently they were entered by an early owner of the book, probably within a decade after it was published, to supplement the printed repertory. On the inside of the front cover are the first three stanzas of Luther's "Christ, unser Herr, zum Jordan kam" (presumably the other four verses and one or two additional songs were on the two leaves that have been excised between this page and the next). Broadsheets of this hymn began circulating as early as 1541, and it appeared in Low German in Walther's 1543 hymnal (Appendix 3, no. 9).[40]

The other manuscript entry in the front is a metrical version of Psalm 103, "Nun lob, mein Seele, den Herren," by Johannes Gramann of Königsberg. A broadsheet of this song, along with three others by Caspar Gretter and Johannes Schneesing (pastor at Friemar, near Gotha), was printed in Nuremberg by Georg Wachter around 1540.[41] In the same year four polyphonic settings (in Johann Kugelmann's *Concentus novi*) were published in Augsburg by Melchior Kriesstein. Low German versions are found in the hymnals of Christian Rödinger (Magdeburg, 1543; Appendix 3, no. 11) and Johann Balhorn, Sr. (Lübeck, 1545; Appendix 3, no. 12).[42]

The first of the two handwritten hymns in the back is the morning song "Ich danck dir, liebe Herre" by Johannes Kohlross (d. 1558), a pastor in Basle (his metrical version of Psalm 127 is no. 68 among the printed hymns). A broadsheet of "Ick danck dir, liebe Herre" was printed in Nuremberg by Wachter around 1535,[43] and it subsequently appeared in two Leipzig hymnals published by Valentin Schumann (1539) and Valentin Bapst (1545). In addition, it is in the Low German hymnals published by Hans Walther in Magdeburg in 1540, 1541, and 1543 (Appendix 3, nos. 7-9).[44]

The last hymn is "Herr Gott, der du erforschest mich," a metrical version of Psalm 139 by Heinrich Vogther. It was printed in Strassburg by Wolf Köpfel in 1527.[45] Although very little is known about Vogther, he is identified as "Maler zu Wimpffen" and "maler zu Straßburgk" (painter in Strassburg), respectively, in broadsheets from 1524 and 1526.[46]

Linguistic analysis of these songs reveals that they are in late Middle Low German of the Lübeck Standard with strong Westphalian and Dutch influence, rather than the indigenous dialect of Magdeburg (Elbe Eastphalian).[47] This, in turn, suggests that the scribe (presumably the book's owner) lived in the northwest corner of Germany, near the Dutch border, perhaps in Osnabrück, Münster, Dortmund, or Wuppertal.

APPENDIX I

Inventory of Hymns in the Magdeburg *Enchiridion*

For each hymn the Low German title, its High German equivalent, and the name of the author (if known) are given first. If the hymn is by Luther, its number in Jenny 1985 is provided; this is followed by the relevant page numbers in LW. Hymns by others are listed according to their number in W (a Roman numeral indicates the volume number; an Arabic numeral indicates the number within a given volume). Hymns with printed tunes are marked with an asterisk (*); the melodies are listed by their number in Z.

1) NU bidde wy den hilligen geist = Nun bitten wir den Heiligen Geist (Martin Luther)
   Jenny 19; LW, 263-64.

*2) KUm hillige geist Here Godt = Komm, Heiliger Geist, Herre Gott (Luther)
   Jenny 15; LW, 265-67; Z 7445a.

3) MIdden wy im leuende syn = Mitten wir im Leben sind (Luther)
   Jenny 3; LW, 274-76.

*4) UTh deper nodt scrye ick tho dy = Aus tiefer Not schrei ich zu dir (Luther)
   Jenny 11; LW, 221-24; Z 4437.

5) GOdt sy gelauet vnde gebenediet = Gott sei gelobet und gebenedeiet (Luther)
   Jenny 4; LW, 252-54.

*6) EIn nye ledt wy heuen an = Ein neues Lied wir heben an (Luther)
   Jenny 18; LW, 211-16; Z 7245.

7) DYn arme hupe Here deit klagen = Dein armer Hauf, Herr, tut klagen (Michael Stiefel)
   W III 108.

8) MInsche dyn tunge mit gesange schal geuen = Mensch, dein Zung mit Gesang soll geben (Stiefel)
   W III 109.

*9) OCh Godt van hemmel see darin = Ach Gott, vom Himmel sieh darein (Luther)
   Jenny 8; LW, 225-28; Z 4431.

*10) CHrist lach in dodes banden = Christ lag in Todes Banden (Luther)
   Jenny 12; LW, 255-57; Z 7012b.

*11) GOdt wolde vns doch gnedich syn = Es wollt uns Gott genädig sein (Luther)
   Jenny 10; LW, 232-34; Z 7247 (with some rhythmic differences).

*12) ERbarme dy myner o Here Godt = Erbarm dich mein, o Herre Gott (Erhart Hegenwalt)
   W III 70; Z 5852.

*13) NU fröwet iuw leuen Christen gemein = Nun freut euch, lieben Christen gmein (Luther)
Jenny 2; LW, 217-20; Z 4427.

*14) DOrch Adams vall ys gantz vordoruen = Durch Adams Fall ist ganz verderbt (Lazarus Spengler)
W III 71; Z 7547 (transposed).

*15) DYth sint de hilligen tein gebot = Dies sind die heilgen Zehn Gebot (Luther)
Jenny 1; LW, 277-79; Z 1951.

16) MInsche wultu leeuen salichlick = Mensch, willst du leben seliglich (Luther)
Jenny 20; LW, 280-81.

*17) GAdes recht vnde wunderdadt = Gottes Recht und Wundertat (Johann Agricola)
W III 76; Z 5689.

*18) NU kum der Heiden Heilandt = Nun komm, der Heiden Heiland (Luther)
Jenny 14; LW, 235-36; Z 1174.

19) CHristum wy schollen lauen schon = Christum wir sollen loben schon (Luther)
Jenny 16; LW, 237-39.

20) GElauet systu Jhesu Christ = Gelobet seist du, Jesu Christ (Luther)
Jenny 5; LW, 240-41.

*21) JHesus Christus vnse Heilandt / de van vns = Jesus Christus, unser Heiland, der von uns (Luther)
Jenny 6; LW, 249-51; Z 1576.

*22) FRölick wille wy alleluia singen = Fröhlich wollen wir Halleluja singen (Agricola)
W III 74; Z 1625a.

*23) WOl dem de in Gades fruchten steit = Wohl dem, der in Gottes Furcht steht (Luther)
Jenny 7; LW, 242-44; Z 298 (transposed).

*24) MIt frede vnde fröwde ick vare darhen = Mit Fried und Freud ich fahr dahin (Luther)
Jenny 21; LW, 247-48; Z 3986 (transposed).

*25) WEre Godt nicht mit vns desse tidt = Wär Gott nicht mit uns diese Zeit (Luther)
Jenny 22; LW, 245-46; Z 4434 (transposed).

26) WO Godt de Here nicht by vns hölt = Wo Gott, der Herr, nicht bei uns hält (Justus Jonas)
W III 62.

*27) HEre Christ de enige Gades Sön = Herr Christ, der einig Gotts Sohn (Elizabeth Creutziger)
W III 67-68; Z 4297a.

*28) DEr vnwysen mundt de sprickt wol = Es spricht der Unweisen Mund wohl (Luther)
Jenny 9; LW, 229-31; Z 4436.

*29) JHesus Christus vnse Heilandt / de den dodt = Jesus Christus, unser Heiland, der den Tod (Luther)
Jenny 13; LW, 258-59; Z 1977.

*30) KUm Godt schepper hillige geist = Komm, Gott Schöpfer, Heiliger Geist (Luther)
Jenny 17; LW, 260-62; Z 294.

*31) WY gelöuen all an einen Godt = Wir glauben all an einen Gott (Luther)
Jenny 24; LW, 271-73; Z 7971.

32) GOdt de Vader wane vns by = Gott der Vater wohn uns bei (Luther)
Jenny 23; LW, 268-70.

*33) DE heil de ys vns kamen her = Es ist das Heil uns kommen her (Paul Speratus)
W III 55; Z 4430.

*34) HElp Godt wo ys der minschen nodt = Hilf Gott, wie ist der Menschen Not (Speratus)
W III 58; Z 8392.

*35) IN Godt löue ick / dat he hat = In Gott gelaub ich, daß er hat (Speratus)
W III 56; Z 8389.

*36) OCh Here Godt wo hebben sick = Ach Herre Gott, wie haben sich (Agricola)
W III 77; Z 7250.

37) EIne vaste borch ys vnse Godt = Eine feste Burg ist unser Gott (Luther)
Jenny 28; LW, 283-85.

38) DE tidt ys nu gantz fröwdenrick = Die Zeit ist nu gar freudenreich
W III 573 (order of stanzas 1 and 2 reversed).

39) IN dulci iubilo = In dulci jubilo
W II 646 (stanza 3 omitted)

40) CHriste de du bist dach vnde licht = Christe, der du bist Tag und Licht
W III 161.

41) CHrist ys erstanden = Christ ist erstanden (Luther)
Jenny 32.

42) O Godt Vader du heffst gewalt = O Gott Vater, du hast Gewalt (Hans Sachs)
W III 87.

*43) CApitan Here Godt Vader myn = Capitan, Herre Gott Vater mein
W III 154; Z 8133.

44) GEnad my Here ewige Godt = Genad mir, Herr, ewiger Gott
W III 155.

45) MAch ick vnglück nicht wedderstan = Mag ich Unglück nicht widerstahn
    W III 156-57.

46) FRöwet iuw fröwet iuw inn desser tidt = Freuet euch, freuet euch in dieser Zeit
    W III 165.

*47) O HERE Godt dyn Gödtlike wort = O Herre Gott, dein göttlich Wort
    W III 163; Z 5690.

48) O Here Godt begnade my = O Herre Gott, begnade mich (Matthäus Greiter)
    W III 120.

49) AM water flete Babilon = An Wasserflüssen Babylon (Wolfgang Dachstein)
    W III 135.

50) IDt sint ock salich alle de = Es sind doch selig alle, die (Greiter)
    W III 121.

51) WAt kan vns kamen an vor nodt = Was kann uns kommen an vor Not
    (Andreas Knöpken)
    W III 147.

52) VAn allen minschen affgewandt = Von allen Menschen abgewand (Knöpken)
    W III 145.

53) O Jesu tzart Gödliker art = O Jesu zart, göttlicher Art (Sachs)
    W III 80.

54) CHristum van hemmel rope ick an = Christum vom Himmel ruf ich an
    (Sachs)
    W III 81.

*55) VAder vnse de du bist im hemmel leret vns Jesus Christ = Vater unser, der du
    bist im Himmel, lehrt uns Jesus Christ (Ambrosius Moibanus)
    W III 594; Z 1975.

56) VAder vnse wy bidden dy = Vater unser, wir bitten dich (Symphorianus
    Pollio)
    W III 562.

*57) ACh Vader vnse de du bist im hemmelrike = Ach, Vater unser, der du bist im
    Himmelreich (Moibanus)
    W III 592; Z 8484.

*58) IN Jhesus namen heue wy an = In Jesus Namen heben wir an
    W III 565; Z 1704a (with rhythmic variants).

59) O Christe wo was dyn gestalt = O Christe, wo war dein Gestalt (Sachs)
    W III 84.

60) O Christe du ware Gades Sön = Christe, wahrer Sohn Gottes fron (Sachs)
    W III 86.

61) CHriste du anuencklick bist = Christe, du ansenglichen bist (Sachs)
    W III 85.

62) DAnck segge wy alle Gade vnsem Heren Christo = Dank sagen wir alle Gott
    unserm Herrn Christo
    W III 599.

63) HElp Godt wo gheit ydt yümmer tho = Hilf, Gott, wie geht es immer zu
    (Knöpken)
    W III 138-39.

64) ICk wil dem HEREN seggen danck = Ich will dem Herren sagen Dank (Sachs)
    W III 88.

65) ICk truwe vp Godt den Heren myn = Ich trau auf Gott den Herren mein
    (Sachs)
    W III 90.

66) HERE wo lange wultu vorgeten myner = Herr, wie lang willt vergessen mein
    (Sachs)
    W III 91.

67) HEre wol wert wanen in dyner hütten = Herr, wer wird wohnen in deiner Hüt
    (Sachs)
    W III 92.

68) SO Godt thom huse nicht gifft syne gunst = So Gott zum Haus nicht gibt sein
    Gunst (Johannes Kohlross)
    W III 113.

69) MIne seele laue den HEren rein = Mein Seel lobe den Herren rein (Sachs)
    W III 99.

70) SInget dem Heren ein nie ledt = Singet dem Herrn ein neues Lied (Sachs)
    W III 100.

71) O Jhesu aller salicheit = O Jesu aller Seligkeit (Joachim Slüter?)[48]
    W III 626.

72) DIth fest vnde fröwde = Dieses Fest und Freude (Slüter?)[49]
    W III 628.

73) GOdt hillige schepper aller stern = Gott, heilger Schöpfer aller Stern
    (Thomas Müntzer)
    W III 499.

74) DEs köninges bannern ghan hervör = Des Königs Panier gehn hervor
    (Müntzer)
    W III 502.

75) DEr hilligen leuent deit stedes na = Der heilgen Leben tut stets nach
    (Müntzer)
    W III 504.

APPENDIX 2
Transcription of Manuscript Hymns
in the Endpapers of the Magdeburg *Enchiridion*

1 front (pasted to inside of front cover): "Christ, unser Herr, zum Jordan kam" by Martin
Luther (Jenny 36; LW, 299-301). Only the first three stanzas remain, because two leaves
have been excised between this page and the next. The missing pages presumably con-
tained the last four stanzas and probably one or two additional hymns.

[STANZA 1]

chistns onse heer toem jordaen quam //
na sÿnes vaders wille // van sante
johans de dope nam // sÿn werck ende
amt tet verallen // daer woldt hÿ
stiften ons ein bat // to wassen ons
van sunden verdrone den bieteren doet //
duer sÿn selss bloet en wonden // het gast
een nieue leuen

Christ, unser HErr, zum Jordan kam
nach seines Vaters willen,
Von S. Johans die Tauffe nam,
sein werck und ampt zurfüllen.
    Da wolt er stifften uns ein Bad,
    Zu waschen uns von sünden,
    Erseuffen auch dem Bittern Tod
    Durch sein selbs Blut und Wunden.
    Es galt ein newes Leben.

[STANZA 2]

soe horet ende merket alle wel // vant
got heet self die dope // ende vat een cristen
gelouen sal // toe miden keter hopt // got
spret ende wÿl // dat water sÿn doch niet
allen slet water // sÿn heilige woert is oeck
daer bÿ // mit riken geest sonder maten //
die is alhier die doper

So hört und mercket alle wol,
was Gott heisst selbs die Tauffe
Und was ein Christen gleuben sol,
Zu meiden Ketzer hauffen:
    Gott spricht und wil, das wasser sey,
    Doch nicht allein schlecht Wasser.
    Sein heiligs Wort ist auch dabey
    Mit reichem Geist on massen.
    Der ist alhie der Tauffer.

[STANZA 3]

sulp heeft hÿ ons beuiset klaer // mit
bielden en met vorden // des vaders stemm
men open baer // daer self aen de jordaen
hoerde // he sprack dit is minen leuen son
aen dien ick heb behagen // den wil ick
[?] beuolen haen // dat ghÿ hen horen alle
ende volgen sÿnder lere //

Sölchs hat er uns beweiset klar
Mit Bildern und mit Worten.
Des Vaters stim man offenbar
Daselbs am Jordan horte.
    Er sprach: "Das ist mein lieber Son,
    An dem ich hab gefallen.
    DEN wil ich Euch befolhen han,
    Das jr IN höret Alle
    Und folget seinem Leren."

2 front (recto) and 3 front (verso): "Nun lob, mein Seele, den Herren"
by Johannes Gramann (W III 968-70).

[STANZA 1]

Nou loue min siele den heren // want
in mÿ is den name sÿn // sÿne weldaet
doet hÿ vermeren // verget dat niet o
hertn mÿn // heft dÿ dÿne sunden vergeū
erholt dÿn schwatit groet // beschut dÿ[n]
arms leuen // nemt dÿ in sÿnen schoet
doet dÿ met dÿnen troest beschuten //
verhoget den armen // dÿn der kaenigen
recht geboet // die liden in sÿnen rieck

NUn lob, mein seele, den Herren
vnd was in mir ist den namen sein.
Sein wolthat thut er meren,
vergiß es nit, o hertze meyn.
   Hat dir deyn sünd vergeben
   vnd heylet deyn schwacheyt groß,
   erredt dein armes leben,
   nimpt dich in seyne schoß,
   Mit reichem trost beschüttet,
   veriungt, dem Adler gleych.
   Der könig schafft recht, behütet
   die leyden in seynem reych.

[STANZA 2]

her heft vns weten laten // sÿn herlick
rect en sÿn gerect // daertoe sÿne goede
sonder maten // het gebreket aen erberm̄
niet // sÿnen toren laet hÿ wel faren //
straft niet niet [sic] na onse schult // die
genade doet heÿ niet sparen // den blūt
is hÿ holt // sÿn goet is erhauen // bÿ dē
die hem fructen em // also veren de ost
van auant // is onse sunde daerhen

Er hat vns wissen lassen
sein herrlich recht vnd sein gericht,
Darzu sein güte on massen,
es mangelt an seiner erbarmung nicht.
   Sein zorn lest er wol faren,
   strafft nicht nach vnser schuld,
   die gnad thut er nit sparen,
   den blöden ist er hold.
   Sein güte ist hoch erhaben
   ob den die förchten jn,
   so fern der Ost vom Abent
   seind vnser sünden dahin.

[STANZA 3]

Als hem een vder [sic] erbarmet // aouer
sÿne jonge kienderen clein // soe doet
die her ons armen // soe wÿ hem vrēst
kindelick rein // hÿ kent ons gebreben
auen // hÿ veet wÿ sÿn maer stof //
als gans des mesen leuen // een blom
vanden velde loef // den viendt daer
auer waeit // soe is hÿ nuemer daer
alsoe die mens vergaet // sÿn ende dat
is hem na //

Wie sich ein man erbarmet
vber seine jungen kindlein klein,
So thut der Herr vns armen,
so wir jn kindtlich fürchten rein.
   Er kennet das arme gemechte,
   Got weiß, wir seind nur staub,
   gleich wie das graß von rechte,
   ein blum vnd fallendes laub:
   Der wind nur darüber wehet,
   so ist es nymmer da:
   also der mensch vergehet,
   sein end das ist jme nah.

[STANZA 4]

die goedes genade allene // blieft staet
ende vast in ewicheit // bÿ sinder lief̄
gemeine // die staet in sÿnder fruete bef̄
die sÿnen verbont beuaren // hÿ regret
in hemelrick // ghÿ sterken ende engelen
scharen // sÿns louens dienen hem toe
ghelieck // den groten heer toe eeren
ende drinen sÿn heillige woert //
mÿn siel sal oeck vermeren // sÿn
loef aen allen oert //

Die Gottis genad alleyne
stehet vest vnd bleybt in ewigkeyt
Bey seyner lieben gemeyne,
die stehet in seyner forchte bereyt,
    Die seynen bund behalten;
    er herschet im himelreych:
    jr starcken Engel walten
    seyns lobs vnd dienen zugleich
Dem grossen Herrn zu ehren
vnd treyben sein heyliges wort:
meyn seele sol auch vermeren
sein lob an allem ort.

1 back (recto), 2 back (verso), and 3 back (recto): "Ich danck dir, lieber Herre"
by Johannes Kohlross (W III 114).

[STANZA 1]

Ick dancke dÿ lieue here // [dat ghÿ]
mÿ hebt beuaert // In deser nacht
geuere // daer in ick lach soe hart mit
duisternis omuangen // daer toe in groter
noet daer vÿ ick ben ontgangen helpt
mÿ heer en goedt //

ICh danck dir, lieber Herre,
das du mich hast bewart
In diser nacht gefere,
darinn ich lag so hart
    Mit finsternis vmbfangen,
    darzu in grosser not,
    daraus jch bin entgangen,
    halffst du mir, Herre Gott.

[STANZA 2]

Met danck vil ick dÿ louen // o ghÿ
mÿn goedt ende heer // in den hemel
hoech daer louen // den dach mi oeck
geuer // waerom ick dÿ to bieden // ende
oeck dÿnen wielle mach zÿn // leeit
mÿ in dinen seden // ende breket den
wille mÿn //

Mit danck wil jch dich loben,
o du mein Gott vnd Herr,
Im hymel hoch dort oben
den tag mich auch gewer.
    Warumb jch dich thu bitten
    vnd auch deyn will mag seyn:
    layt mich in deynen sitten
    vnd brich den willen meyn.

[STANZA 3]

Dat ick heer niet affwike // van dÿder
recter baen // die wÿant mÿ niet gript
daer mede ick eer moch gaen // eerholt
mÿ duer dÿn goeden // dat biedt ick
wlietich dÿ // vor dueuels liest en wieden
daer mede hÿ setet aen mÿ

Das jch, Herr, nit abweyche
von deyner rechten ban,
Der feynd mich nit erschleyche,
darmit ich yrr möcht gan.
    Erhalt mich durch deyn güte,
    das bitt jch fleyssig dich,
    fürs teuffels list vnd wütten,
    darmit er setzt an mich.

[STANZA 4]

Den geloue mÿ werlene // aen dÿnen
soen jesou crist // mÿn sundtn mÿ oeck
vortie // alhier toe deser fÿes // dou vert
mÿ dat niet ontsegen // als ghÿ gelouet
haet // dat heÿ mÿne dsunden doe dragē
ende werlost mÿ wander last //

Den glauben mir verleyhe
an deinen Son Jhesu Christ,
Meyn sünd mir auch verzeyhe
alhie zu diser frist.
    Du wirst mirs nit versagen,
    wie du verheyssen hast,
    das er meyn sünd thut tragen
    vnd lößt mich von dem last.

[STANZA 5]

Die hopinge mÿ oeck geue // [two crossed-
out words]
die niet werderuen laet // daertoe een
cristlÿck liefde // tho doe dit en dit mÿ
wordert // dat ick hem goedes betuene
saeke miet [sic] daer in dat mÿn // vnde
lief hem als mÿn eigen // na allen den
willen dÿn

Die hoffnung mir auch gibe

die nicht verderben lest,
Darzu ein Christliche liebe
zu dem der mich verletzt:
    Das jch jm guts erzeige,
    such nit darinn das mein,
    vnd lieb jn als mein eygen
    nach all dem willen deyn.

[STANZA 6]

Dien woert laet mÿ bekennen // deser
arger werelt // ock mÿ dÿn dienaer
noemen // niet wresen geuelt noch ghelt
noch gelt [sic] // dat mÿ baldt mocht afkerē
van dÿder wareit klaer // wielt mÿ
oeck niet vehsteden // van der cristliker
schaer

Dein wort laß mich bekennen
für diser argen welt,
Auch mich deyn diener nennen
nicht förchten gwalt noch gelt,
    Das mich bald möcht abkeren
    von deyner warheyt klar;
    wölst mich auch nicht verscheren
    von der Christlichen schar.

[STANZA 7]

Laet mÿ den dach vollenden // to loue
den name dÿn // dat ick niet van dÿ
wende // aent ende wolstendich sÿ // behōt
mÿ lÿff ende leuen // daertoe die vriech
in den lande // wat ghÿ mÿ hebt geuen //
staet al in dÿder hant //

Laß mich den tag vollenden
zu lob dem namen dein,
    Das jch nicht von dir wende,
    ans end bestendig sein.
    Behüt mir leib vnd leben,
    darzu die frücht im land:
    was du mir hast gegeben
    steet als in deyner hand.

[STANZA 8]

Heer criest dÿ lof ick sege // om dÿder
weldaet wiel // die ghÿ mÿ deso dagen
betuenet hebt ouer al // dÿnen naem viel
Ick prisen // die ghÿ allen bist goet // mit
dÿnen liue mÿ spÿse // drÿnt mÿ met

Herr Christ, dir lob jch sage
vmb deyne wolthat all,
Die du mir all mein tage
erzeygt hast vberal.
    Dein namen wil jch preysen,

dÿnen bloet

der du alleyn bist gut,
mit deynem leyb mich speyse,
trenck mich mit deynem blut.

[STANZA 9]

Dÿ is allein die ere // dÿn is allein
den roem // die wrke dÿ niemant wre //
dÿn segen toe ons kome // dat wÿ in
vrede ontslapen // mit genadt toe ons
ÿl geft ons des geloefs gopt // waer des
duiuels liest en pÿl //

Deyn ist alleyn die ehre,
deyn ist alleyn der rhum;
Die rach dir niemand were,
dein segen zu vns kum,
    Das wir im frid entschlaffen,
    mit gnaden zu vns eyl,
    gib vns des glaubens waffen
    fürs teuffels listig pfeyl.

4 back (verso), 5 back (recto), 6 back (verso), and 7 back (recto):
"Herr Gott, der du erforschest mich" by Heinrich Vogther (W III 560).

[STANZA 1]

Heer goedt die ghÿ ernorsget mÿ eerkents
mÿn ganse leeuen • mÿn opstaen ende siten
ick • beken van dÿ veert gheuen • alle m̄
gedachten sot ick haen • voer dÿ o godt
erofent staen • erkent mÿn voen
ende lasen • die dou biest om mÿnen paert die
rines wÿs om mÿn leeger gaet • siet op
alle mÿne straten

HErr gott, der du erforschest mich,
erkenst meyn gantzes leben,
Meyn auffersteen vnd sitzen, ich
bekenn, von dir würt geben.
    All meyn gedancken so ich hon
    vor dir, o gott, eroffnet ston,
    erkenst meyn thun vnd lassen.
    Denn du stetz bist vmb meynen pfadt,
    der ringweyß vmb meyn leger gat,
    spehest auß all meyn strassen.

[STANZA 2]

Het is ghen voert in mÿnen mont noch
reden op mÿnder tongen dat [?] niet alles
vor sÿ cont eer sÿ werden geredt noch ge
songen • ick ghe ste was ick immer doe • soe
biestou daer ende siet meer toe sonder deer
niet goedes wolbringe • ghÿ riectes dan voē
in mÿ aen • dien hant mÿ kreftich fu[r?]
op diender baen • mier mach sus niet gel
ingen

Es ist kein wort in meynem mund
noch red auff meyner zungen,
Das dir nit alles vor sey kundt,
ee sye wern gret noch gsungen.
    Ich gee, stee, was ich jmmer thu,
    so bistu da vnd sichst mir zu;
    on dich nichts guts volbringe,
    Du richtests dann vor inn mir an:
    dein hand mich krefftig für auff ban,
    mir mag sunst nit gelingen.

[STANZA 3]

ick ben soe suack in mÿn werstant suelc[h?]
heemiliecheit toe erlangen • vernuest drieft
daer vie[t?] maer een doen inden gheloue
Wert ontfang[paper damage] vaer sal ick hen
g[paper damage]

Ich binn zu schwach in meym verstand,
solch heymlicheit zu erlangen;
Vernunfft treybt darauß nur ein thandt,
im glauben würts empfangen.

woer dinen gheest die ghÿ aller herten
gedachten weet dÿn aengesiecht weet mÿn
vlieden • faer ick ten hemel soe biestou daer
oeck in der hellen en anders waer can mÿ dÿ
niet ontietn

[STANZA 4]

Neem ick vlegel der morgen roedt • en vlie
aen den ende des meres dÿn hant mÿ vat
viet alder noet • erhalden en eerneren • spreck
ick wiensternis decken mÿ soe ghelt den da
ch ende nacht dÿ ghelieck die nacht luech[t?]
hoe den dage bÿ dÿ duisternis ghen duister
nis is alle heimelicheit sÿnt toe alder friest dÿ
niemant mach verschgen

[STANZA 5]

mÿn nieren hastou in diender geualt
oeck alle mÿn heimelike lueste hoe ick in
den moeder lÿf vas gestelt sonder mÿ
hebt ghÿ toe gheruestet dÿn rechter hant
stets vas ouer mÿ van herten gront des
danck ick dÿ diender vonderlieck[r?] daden
[paper damage]r mede ghÿ mÿ maeche
                  vondersaem mÿn
sies suelck weld[water damage] wol vernam
               dat het ghe
niel dÿnen raden

[STANZA 6]

Alle mÿn gebenten hebt gÿ getelt daer
ick sol gebeldet werden • dÿn oegen oeck
op mÿ gestelt daer ick sou gebeldet werde[n]
lach inder eerden inden moeder lief noch
onbereit des ghein vernuft niet weet
               besch[paper damage]
mÿn dagen voer dÿ sÿnt getellet daer
van noch toe geen mens een mach doen
op dien boeck al gheschreuen staen hoe
             la[paper damage]
ghÿ dat hebt eruellet

Wo sol ich hyn gen vor deim geyst
der du allr hertzen dancken weyst,
dein angesicht weyßt meyn fliehen:
Far ich gen hymel, so bistu do,
auch in der hell vnd anderßwo,
kan mich dein nit entziehen.

Nem ich flügel der morgen röt
vnd blyb am end des meres,
Deyn hand mich würt auß aller nöt
erhalten vnd erneren.
    Sprech ich "finsternüß decken mich,"
so gilt der tag vnd nacht dir gleich,
die nacht leücht wie der tage,
Bey dir finster nicht finster ist:
all heymlich sünd zu aller frist
dir nyemandt mag verschlagen.

Meyn nieren hast in deiner gwalt,
auch all meyn heymlich lüste.
Wie ich in mutter leyb was gstalt,
on mich hasts zu gerüste.
    Deyn rechte hand stets was ob mir,
von hertzens grund des dancke dir
deynr wunderlichen thate,

Damit du mich machst wundersam,

meyn seel solch gutthat wol vernam,
das es gefiel deym rhate.

All meyn gebeyn hastn gezelt
do ich solt bildet werden,
Deyn augen auch auff mich gestelt
do ich lag in der erden
    In mutter leyb noch vnbereyt,

des kein verunnfft nit weist bescheyd;
mein tag vor dir send zelet,
Danon noch zu kein mensch mag thun,

vff deim buch all geschriben ston
wie lang dus hast erwelet.

[STANZA 7]

Hoe kostelick sÿnt voer mÿ o goedt • dÿn
weelualdigen gedachten hoe saet des sand
aen der see haet • van dÿ verd ick niet
wancklen soe ick oeck sub vanden doet
oeck sues op waech • dÿn genade mÿ
         ha[paper damage]
in alder saeck bÿ dier verde ick bl[?]en
die godlosen rot o hoster godt die doet
         dil[paper damage]
Viet en maech toe spot dat bloet wolck
gaer verdriue

Wie kostlich send vor mir, o gott,
deyn vilfeltig gedancken!
Ir summ des sands am mere hat!
von dir würd ich nit wancken.
    So ich vom tod auch sunst auff wach,

    dein gnad mich helt in aller sach,
    bey dir wurd ich beleyben.

    Die gottloß rott, o höchster gott,
    die tödt, thilg auß vnd machs zu spott,
    das blind volck gar vertreybe.

[STANZA 8]

sÿ r[e]den stets anrecht van mÿ vas dient
toe huerder saken sie baldt dÿn woert claer
wÿe[l?] heraoer sunder oersaeck stech op mak
en ick haet ia heer die haten dÿ die dÿ
en dÿn woert weder sÿn daer weder alt[?]
str[e?]den daerom sÿ mÿ al worden vÿa[?]
w[?]el smaeit een leets betuenen mÿ wiel
mÿ dinen segen geuen

Sye reden stets vnrecht von dir,
wz dient zu jren sachen,
Sobald deyn wort klar will herfür,
on vrsach sich auffmachen.
    Ich hass ja, herr, die hesser deyn,
    die dir vnnd deym wort zu wider seyn,
    dawider alzeyt streben:
    Darumb sye mir all werden feynd,
    vil schmach vnnd leyds erzeygen seynd:
    wölst mir das sigen geben.

[STANZA 9]

Eruors mÿ here ernaer mÿn heert erua
[?]r alle mÿn gedachten en sie op mÿn d[?]
achternaert oft enniger sÿt wÿl van
ken ost sÿ vo[?]den ereden vander baen
laet mÿ o godt niet werbaest gaen op
rechter baen mÿ leide die dier gevel
[water damge] euich sÿn mÿn geuiss[?]
lief ende siele dier vrÿ eeuich stedts
[water damage] dier blÿnen

Erforsch mich, herr, erfar meyn hertz,
versuch all meyn gedancken,
Vnd syh, ob meyn thun hynderwerk
vff einig seyt wöl wancken!
    Ob ich sey tretten ab der ban,
    laß mich, o gott, nit fürbas gon,
    vff rechten weg mich leyte,
    Der dir gefall vnd ewig sey!
    meyn gwissen, leyb vnd seel dir frey
    ewig stets sey bereytte!

APPENDIX 3
Provisional List of Low German Hymnals
Printed Before Luther's Death (1546)

Abbreviations

> a = Title.
> b = Facts of publication.
> c = Present location.
> d = Presence or absence of music.
> e = Listings in standard catalogs.
> f = Additional bibliography.
> [DKL] = Siglum in Jenny 1985, 139-44, for sources without music.

*   *   *

1. a) Eyn gantz schone vnde seer nutte gesangk boek, tho dagelyker öuinge geystlyker gesenge vnde Psalmen
   b) Rostock: Ludwig Dietz, 1525.
   c) Rostock, Universitätsbibliothek (defective).[50]
   d) No music.
   e) Borchling-Claussen 1931-36, no. 812; Benzing 1966, no. 3685; [DKL] Rst 1525; Jenny 1985, 140.
   f) Bachmann 1881, 21-37; Wiechmann 1864-85, 3:117-21 (no. 217); WA, 394-95 (𝔄a); Bosinski 1971, 35-68; Bosinski 1984, 15-23; Bosinski 1986 (reprint edition), esp. 113-30; Ueltzen 1992.

This book, the oldest surviving Low German hymnal, was discovered in the summer of 1877 by Johannes Bachmann, a theology professor at the University of Rostock. The unique copy is missing a single leaf (Kii) in the middle and two or more gatherings at the end. Judging by the 1526 reprint (no. 2), the material at the end probably included not only the hymn "Capitan her God vader myn" but also the order of worship for Vespers.[51]

Wiechmann believed that this hymnal was preceded by an even earlier Low Saxon edition,[52] and a century later Bosinski again raised the possibility that it was based on a Low German book with a similar form, perhaps a translation of one of the 1524 Erfurt *Enchiridia*.[53] Ameln takes a different view. He concurs with Bachmann that it is modeled on a High German book and argues that it likely was translated by Joachim Slüter whose native language was Low German.[54]

The book's repertory was drawn from "the Walter *Chorgesangbuch* of 1524, hymnbooks published in Erfurt and Strassburg in 1525, and a number of hymns from the north German area."[55] It played an important role in the spread of Reformation hymnody northward into Scandinavia. For the Danish hymnal published by Ludwig Dietz in 1529 (a reprint of one that had appeared the previous year in Malmö) is a translation of the 1525 book.[56]

2. a) (E)Yn gantz schone vnde seer nutte ghesangk boek, tho dagelyker öuinge geystlyker gesenge vn̄ Psalmen
    b) Cologne: Peter Quentel, 1526.
    c) Lost since 1945. Formerly in Berlin, Deutsche Staatsbibliothek.[57]
    d) Music.
    e) Borchling-Claussen 1931-36, no. 876; Benzing 1966, no. 3686; DKL Rst 1526; RISM 1526[06]; Jenny 1985, 140.
    f) Wackernagel 1855, 89-90 (no. 233); Geffcken 1857, 208-12; Bachmann 1881, 21-22, 26-28; Wiechmann 1864-85, 3:119-20; WA, 395-96 (Bb).

This hymnal is essentially a reprint of no. 1; it differs in minor details only. It is often referred to as the "Speratusbuch" because the printer incorrectly resolved as "J. Speratus" the initials "J. S." (= Joachim Slüter, the Rostock Reformer) that appear in the preface of its model.

3. a) [Title page of Part 1:] Geystlyke leder vppt nye gebetert tho Wittēberch, dorch D. Martin. Luther
        [Title page of Part 2:] Gheystlyker gesenge vnde leder...
    b) Rostock: Ludwig Dietz, 20 March 1531.
    c) Lüneburg, Stadtbibliothek.[58]
    d) No music.
    e) Borchling-Claussen 1931-36, no. 1090; Benzing 1966, no. 3678; [DKL] Rst 1531; Jenny 1985, 141.
    f) Geffcken 1857, 212-22; Wiechmann-Kadow 1858 (reprint edition), esp. 19-36; Wiechmann 1864-85, 1:145-53 (no. 74); W, 1:397-99 (no. 40); Bachmann 1881, 38-45; WA, 390-91 (*Ff*); Bosinski 1971, 173-217; Bosinski 1984, 24-38.

This book was found in 1857 by Mr. Vogler, director of the Stadtbibliothek, Lüneburg.[59] It can be regarded, to some extent, as an expanded version of no. 1, since it contains all but two of the fifty-four songs in the earlier publication. The first part generally has been considered to be an unaltered translation of the lost Wittenberg hymnal printed in 1529 by Joseph Klug.[60] "The second part was compiled from the hymnody of other areas; for example, of the sixty-four texts, sixteen originated from Strassburg, twenty-one from Nuremberg (including seventeen by Sachs), and a good proportion of the remainder stemmed from north Germany."[61]

All of the other Low German hymnals, except no. 5 (the Magdeburg *Enchiridion*) and 11, are based on this book. Geffcken therefore characterizes it as "the most important Low German hymnal."[62] Bachmann notes that the numerous editions (he lists and describes no fewer than sixteen between 1534 and 1564) testify to its wide distribution: "For over a generation, Slüter's book, nicknamed 'dat dubbelde Sanckböklin' [the little double hymnal] on account of its two parts, remained *the* hymnal for the Lutheran Church of Lower Saxony, or it provided the basis for the publication of other Low Saxon hymnals."[63] Like no. 1, its influence extended far beyond North Germany: Leaver discovered that the first Protestant hymnal in England (London: Coverdale, c. 1535) apparently was based on it.[64]

4. a) Geystlike leder, vppet nye gebetert tho Wittemberch, dorch D. Martin. Luther...
    b) Magdeburg: Hans Walther, 1534.
    c) Wolfenbüttel, Herzog-August-Bibliothek.
    d) No music.
    e) Borchling-Claussen 1931-36, no. 1196; Benzing 1966, no. 3679; [DKL] MagdW; Jenny 1985, 141.
    f) Wackernagel 1855, 127-28 (no. 325); Geffcken 1857, 222-24; Wiechmann-Kadow 1858, 37; Wiechmann 1864-85, 1:199; Bachmann 1881, 46 (no. 1); WA, 391-92 (Gg).

This is an expanded edition of no. 3; it contains four additional hymns, including "Frowt juw frowt juw in desser tidt," one of the few in the Magdeburg *Enchiridion* that is not in the 1531 book.

5. a) Enchiridion Geistliker leder vnde Psalmen, vppet nye gecorrigeret. Sampt der Vesper Complet, Metten vnde Missen.
    b) Magdeburg: Michael Lotter, 1536.
    c) Atlanta, Emory University, Pitts Theology Library.
    d) Music.
    e) Benzing 1966, no. 3680; DKL MagdL 1536; RISM 1536[02]; Jenny 1985, 142.
    f) Volz 1962; Ameln 1964, 232.

6. a) Geistlicke Leder vnd Psalmen, vpt nye gebetert. Martin Luther...
    b) Magdeburg, 1538.
    c) Lost.
    d) —.
    e) Borchling-Claussen 1931-36, no. 1286.
    f) Wackernagel 1855, 150 (no. 370); Wiechmann-Kadow 1858, 38; Wiechmann 1864-85, 1:199; Bachmann 1881, 46 (no. 2).

The only trace of this book is its mention by Hermann von der Hardt in *Avtographa Lutheri aliorumque* (Brunswick, 1690).

7. a) Geystlike leder vñ Psalmen, vppet nye gebetert. Mart. Luther...
    b) Magdeburg: Hans Walther, 1540.
    c) Wolfenbüttel, Herzog-August-Bibliothek.
    d) Music.
    e) Borchling-Claussen 1931-36, no. 1342; Benzing 1966, no. 3681; DKL MagdW nach 1539; RISM 1540[03]; Jenny 1985, 142.
    f) Wackernagel 1855, 166-67 (no. 410); Wiechmann-Kadow 1858, 38; Wiechmann 1864-85, 1:199; Bachmann 1881, 47-48 (no. 3).

8. a) Geystlike leder vñ Psalmen, vppet nye gebetert. Martinus Luther.
    b) Magdeburg: Hans Walther, 1541.
    c) Lost. Formerly in Helmstedt, Universitätsbibliothek.
    d) Music.
    e) Borchling-Claussen 1931-36, no. 1355; Benzing 1966, no. 3682; DKL MagdW 1541; RISM 1541[04]; Jenny 1985, 143.
    f) Wiechmann 1864-85, 1:199; W, 1:415-16 (no. 68); Bachmann 1881, 48-49 (no. 4); WA, 392.

9. a) Geystlike leder vñ Psalmen, vppet nye gebetert. Mart. Luther...
    b) Magdeburg: Hans Walther, 1543.
    c) Lost. Formerly in Berlin, Deutsche Staatsbibliothek.[65]
    d) Music.
    e) Borchling-Claussen 1931-36, no. 1392; Benzing 1966, no. 3683; DKL MagdW 1543; RISM 1543[08]; Jenny 1985, 143.
    f) Wackernagel 1855, 183-84, 475 (no. 454); Geffcken 1857, 224-26; Wiechmann-Kadow 1858, 38; Wiechmann 1864-85, 1:199; Bachmann 1881, 49-51 (no. 5); WA, 393 (*Hh*).

This edition of no. 3 has twenty-one additional hymns, beyond the four that were added in the 1534 edition, including a new section of songs corrected by Hermann Bonn, superintendent in Lübeck.

10. a) —.
    b) Rostock: Ludwig Dietz, 1543.
    c) Lost.
    d) —.
    e) —.
    f) Wackernagel 1855, 185 (no. 455); Geffcken 1857, 225; Wiechmann-Kadow 1858, 38; Wiechmann 1864-85, 1:199; Bachmann 1881, 51 (no. 6).

At the end of no. 9 was a manuscript entry in an old hand referring to this book: "*Eodem anno* sol zu Rostock ein niederdeutsch Cantional gedruckt worden sein bei Ludw. Dietz" (In the same year a Low German hymnal is supposed to have been printed in Rostock by Ludw[ig] Dietz). In *Beytrag zur Lieder-Historie* (Leipzig, 1759), Schöber suggested that it was a reprint of no. 7.

11. a) Eyn schön Geistlick Sangböck, Vpt nye...gerichtet...
    b) Magdeburg: Christian Rödinger, 1543.
    c) Erlangen, Universitätsbibliothek (defective);[66] Greifswald, Universitätsbibliothek.
    d) Music.
    e) Borchling-Claussen 1931-36, no. 1381; Benzing 1966, no. 3687; DKL MagdR um 1543; RISM 1543[05]; Jenny 1985, 143.
    f) Wiechmann-Kadow 1858, 39-42; W, 1:416-19 (no. 70); Bachmann 1881, 57-59 (no. 16); WA, 396-97 (Röd.).

This large hymnal (304 pages) is not a new edition of no. 3, although it contains the same hymns plus others (it was expanded by Christian Adolph Neustädter).

12. a) ENCHIRIDION Geistlike Lede vnd Psalmen, vppet nye gebetert. Mar. Luther...
    b) Lübeck: Johann Balhorn, Sr., 1545
    c) Greifswald, Universitätsbibliothek.[67]
    d) Music.
    e) Borchling-Claussen 1931-36, no. 1425; Benzing 1966, no. 3684; DKL Lüb 1545; RISM 1545[02]; Jenny 1985, 144.
    f) Wackernagel 1855, 195-97 (no. 475); Geffcken 1857, 226-29; Wiechmann-Kadow 1858, 39; Wiechmann 1864-85, 1:199; Bachmann 1881, 51-53 (no. 7); WA, 394 (*Ii*).

This edition of no. 3, edited by Hermann Bonn (see no. 9), includes thirteen additional hymns.

NOTES

[1] I am grateful to Channing R. Jeschke and M. Patrick Graham of Pitts Theology Library at Emory University, Gary Hauk, Secretary of the University, and James V. McMahon of the Department of German Studies, for their interest in this project and for assistance of various kinds. I also wish to thank Robin A. Leaver of Westminster Choir College (Princeton, New Jersey) for many valuable comments and suggestions. This study was supported in part by a grant from the University Research Committee of Emory University.

[2] Wackernagel 1855.

[3] Volz 1962.

[4] Ameln 1964, 232.

[5] Benzing 1966, no. 3680; DKL MagdL 1536; RISM 1536^{02}; Jenny 1985, 142.

[6] Bosinski 1986, 113.

[7] Holtz 1980, 17.

[8] Borchling-Claussen 1931-36 lists nearly 5000 Low German prints through the end of the eighteenth century.

[9] Bosinski 1984, 6-7.

[10] Wiechmann-Kadow 1858, 23-24.

[11] Citing statistics from Max Lindow's dissertation ("Niederdeutsch als evangelische Kirchensprache im 16. und 17. Jahrhunderts" [Ph.D. diss., University of Greifswald, 1926]), Holtz (1980, 60-62) notes that the production of prints in Low German declined sharply beginning in the third decade of the seventeenth century and came to a standstill by the end of the century.

[12] Brandt 1975, vi.

[13] Blume 1975, 6.

[14] Hertel 1899, 143. Bosinski (1971, 65) thinks that they may have been sung in Low German. A High German broadsheet of "Es wollt uns Gott genädig sein," printed in Magdeburg in 1524 by Hans Knappe, Jr., is preserved in the Deutsche Staatsbibliothek, Berlin. See WA, 376 (β); Benzing 1966, no. 3643; DKL ¹LBl Luth 1524^b; RILM 1524^{11}; Jenny 1985, 139. A facsimile appears in the *Jahrbuch für Liturgik und Hymnologie* 3 (1957): facing 104.

[15] Brandt 1975, 144.

[16] This account is based on Brandt 1975, 152-53, 158. The quotation is from p. 277.

[17] It is one of Michael Lotter's first hymnals. The only one that is older is a version of Joseph Klug's 1529 Wittenberg hymnal that appeared around 1535 and is preserved in a defective copy in Gotha (Benzing 1966, no. 3549). Lotter subsequently published other editions of Klug in 1540 (Benzing 1966, nos. 3553 and 3554), 1542-43 (no. 3556) and 1546 (no. 3564). See also WA, 327-29, 333-34.

[18] Benzing 1982, 276.

[19] Ibid., 498.

[20] Ibid., 498, 309.

[21] Hofmann 1914 is a reprint of this book. Volz (1962, lxxx-lxxxiii) adduces the following evidence linking the Magdeburg *Enchiridion* with Blum's hymnal: 1) similarity between their titles (the Leipzig volume is called "Enchiridion geistlicher gesenge vnd Psalmen fur die leien mit viel andern denn zuuor gebessert. Sampt der Vesper Mettē Complet vnd Messe."); Lotter, however, reverses the order of Compline and Matins in the title so that they correspond to the actual order of these services within the book; 2) extensive agreement between editorial rubrics and headings of hymns in the two volumes; 3) the first thirty-seven songs are in the same order, and thereafter the differences are easily explained (e.g., Lotter rearranged a group of metrical psalms so that they would be in the correct numerical sequence). Some differences suggest, however, that Lotter made use of another source, too. Apparently he consulted Klug's 1529 hymnal (or an early reprint), since the headings for the old church hymns and the non-Wittenberg songs (which are not in Blum's hymnal) agree with the readings in this book.

The Magdeburg *Enchiridion* contains all but two of the hymns in the Leipzig volume. The two that are missing are the pre-Reformation reworking of the *Pange lingua*, "Mein zung erkling, vnd frölich sing" (Lotter provides Michael Stiefel's rendering, "Minsche dyn tunge mit gesange schal geuen," instead) and Hans Sachs's version of Psalm 58, "Wolt jr denn nicht reden ein mal." In addition to the sixty-one songs that were taken over from Blum's hymnal, Lotter added fourteen new ones, including two from the fifteenth century, three by Sachs, five metrical psalms (by Matthäus Greiter and Wolfgang Dachstein of Strassburg, and the Riga cleric Andreas Knöpken), and two translations of Latin hymns.

[22] In the Rostock book and its later editions the hymns are printed according to the systematic ordering of the 1529 Wittenberg hymnal (see Leaver 1991, 281-85); in the Magdeburg and Leipzig *Enchiridia*, on the other hand, they are given in the more or less random sequence of an earlier Wittenberg source, Johann Walter's *Geystlicher gesangk Buchleyn* (1524). In this connection, it is worth mentioning that the Magdeburg *Enchiridion* is listed incorrectly in Benzing's catalog (1966, no. 3680) under "Low German Editions of Klug's Wittenberg Hymnal."

Additional evidence that the Rostock hymnal did not serve as Lotter's exemplar is provided by a list of errors that Wiechmann corrected in his reprint (Wiechmann-Kadow 1858, 61-62). Since none is found in the Magdeburg *Enchiridion*, either Lotter corrected them all or he did not use the Rostock volume. Given the large number of printing errors in the Magdeburg book (such misprints were common and occurred in most books printed in the sixteenth century), surely at least a few of those in Wiechmann's list would have been perpetuated had Lotter worked directly from the Rostock hymnal.

[23] Volz 1962, 125.

[24] Call number: Kessler 1536 Ench.

[25] DKL MagdL 1536; RISM 1536[02] (p. 17).

[26] The High German original is reprinted in WA, 474-75; an English translation is in LW, 315-16.

[27] This core repertoire of early Lutheran hymnody apparently was taken over from Hans Lufft's *Enchiridion* (Wittenberg, 1526), a congregational version of the 1524 Wittenberg

Chorgesangbuch. All thirty-two of the German songs in the 1524 source are in the three *Enchiridia* published by Lufft (Wittenberg, 1526), Blum (Leipzig, c. 1530), and Lotter (Magdeburg, 1536). The four hymns in Lufft's book that are not in the *Chorgesangbuch* (Agricola's "Gottes Recht und Wundertat" and "Ach Herre Gott, wie haben sich," Stiefel's "Mensch, dein Zung mit Gesang soll geben," and Jonas's "Wo Gott, der Herr, nicht bei uns hält") are retained in the two later hymnals. The order of Luther's hymns "Gott der Vater wohn uns bei" and "Wir glauben all an einen Gott" is reversed in all three of the *Enchiridia* with respect to the *Chorgesangbuch.* Finally, Luther's "Eine feste Burg ist unser Gott," which is found in both of the later sources, is absent from the *Chorgesangbuch* and Lufft's hymnal because it was not written until after they were published. See Volz 1962, lxxix; cf. also Hofmann 1914, 15-16, 25, and WA, 19-20, 29-30.

[28] A later addition to the Magdeburg *Enchiridion* is a manuscript entry of the *Gloria patri* in the left margin of 13L; this apparently was meant as a supplementary stanza for Luther's "Ach Gott, vom Himmel sieh darein." Cf. Bosinski 1986, 49.

[29] This is a Low German version of the small preface that Luther wrote for the Wittenberg hymnal of 1529 and 1533; English translation from Leaver 1991, 284.

[30] This quotation is a Low German translation of Luther's High German original in Klug's hymnal (1529 and 1533). Cf. n. 29 above.

[31] In the Magdeburg *Enchiridion,* however, they are preceded by Sachs's dialogue-hymn, "O Godt Vader du heffst gewalt," which is not in the Leipzig book.

[32] In the Leipzig *Enchiridion,* though, they are followed by a song that is absent from the Magdeburg volume, Sachs's version of Psalm 58, "Wolt jr denn nicht reden ein mal."

[33] "Danck segge wy alle Gade vnsem Heren Christo" (no. 62) and "Here wo lange wultu vorgeten myner" (no. 66) are both in the Leipzig *Enchiridion.* The latter, Sachs's version of Psalm 12, was excluded from Slüter's hymnal apparently because it contains Greiter's version ("Ach Herr wo lange vorgestu myner") instead.

[34] Surely this book, which appeared in Low German in Magdeburg two years before the *Enchiridion,* was more likely to have been Lotter's source than the High German broadsheet (Nuremberg: Kunegund Hergotin, c. 1529) mentioned by Wackernagel (W, 3:128 [no. 165]).

[35] W, 3:565-66 (no. 615). Bosinski (1971, 45-46) suggests that the fourth stanza was penned by Slüter.

[36] W, 3:567-68 (no. 618).

[37] W, 3:568 (no. 619).

[38] The last portion of the Mass (beginning after the Creed) is quite different in R as compared with L and the Magdeburg *Enchiridion.* In addition to the differences noted above, R includes the *Nunc dimittis* and several other prayers, dialogues, and declarations.

[39] In only one case, Stiefel's "Dein armer Hauf, Herr, tut klagen" (no. 7 in Appendix 1), is a song that has a melody in Blum printed without music in Lotter. (However, the two books have different melodies for Speratus's "Hilf Gott, wie ist der Menschen Not" [no. 34].) On the other hand, six of the melodies in the Magdeburg *Enchiridion* (nos. 17, 25, 28, 35, 55, 57) clearly came from some other source, since they do not appear in the Leipzig hymnal.

[40] Jenny 1985, 117; Geffcken 1857, 225; Bachmann 1881, 50. According to Lucke (WA, 281), it was dated 1541 (evidently copied from a broadsheet) in a Low German hymnal published in Lübeck in 1556 by Jürgen Richolff. Unfortunately, the book was lost in a fire in 1870.

[41] Wackernagel 1855, 168 (no. 412).

[42] W, 3:821-23 (nos. 968-70); Bachmann 1881, 53, 58. The version in the Magdeburg *Enchiridion* is quite different from the one in Rödinger's hymnal.

[43] W, 3:86 (no. 114); DKL ¹LBl Nbg um 1535; RISM 1535[02].

[44] Geffcken 1857, 225; Bachmann 1881, 47-48, 50.

[45] DKL ⁴LBl Straß 1527[b]; RISM 1527[13].

[46] W, 3:505, 508.

[47] I owe this information to Keith Boden of the Department of Germanic Languages at the University of Texas (Austin), who reports additionally that

> the translator/scribe was probably trained in the Lübeck Standard of the Middle Low German heyday (mid-fourteenth century). This Lübeck Standard was characterized by a strong influence of the so-called "westliche Strömung" or "western current," which incorporated several features of Westphalian and Dutch that were not native to the Lübeck area. On the other hand, there is not enough evidence of Westphalian features which are not typically present in the Lübeck Standard to warrant placing the hymns exclusively in the Westphalian dialect. An increase in Dutch orthographic influence was typical for Low German manuscripts of the Reformation period (letter to the author, 22 June 1993).

See also Martin Durrell, "Westphalian and Eastphalian," in Russ 1990, 59-90; "The Low German Dialects" in Noble 1983, 89-108.

[48] See Bosinski 1971, 45, 216-17.

[49] Ibid.

[50] Call number: Mk. 7290.

[51] Ameln 1987-88, 127. See also Bachmann 1881, 25.

[52] Wiechmann 1864-85, 3:121.

[53] Bosinski 1986, 124-25. Fifteen years earlier (1971, 66) Bosinski had said that it was not necessary to assume the existence of an earlier book.

[54] Ameln 1987-88, 127-28; Bachmann 1881, 28.

[55] Leaver 1991, 33.

[56] Bosinski 1986, 113; Bosinski 1984, 7; Bosinski 1983, 709. A facsimile of the 1529 hymnal is in Niels Knud Andersen, ed., *Ludwig Dietz' Salmebog 1536* (Copenhagen: Akademisk Vörlag, 1972). Bosinski raises the possibility that Dietz may have published another (lost) edition of the 1525 book around 1527, since the Danish hymnal includes two hymns (Decius's "O Lamm Gottes unschuldig" and "Heilig ist Gott der Vater") that do not appear in Low German until 1531. See Bosinski 1986, 128, n. 3; Bosinski 1983, 709.

[57] Call number: libr. impr. rar. Oct. 163. It was once part of the "von Meusebach" collection.

[58] Call number: No. 5786. Bosinski (1983, 720, n. 1) mentions another copy in Uppsala. Presumably he has confused this with a copy of the church order for the city of Riga, published by the same printer less than a year before (19 July 1530). See WA, 397-98 (*aa*); Benzing 1966, no. 3688; DKL Ag Riga 1530; RISM 1530[05]; Jenny 1985, 141.

[59] Geffcken (1857, 212-13) claims credit for its discovery, since Volger was searching the collection of old hymnals at his request.

[60] Wiechmann-Kadow 1858, 26-31; Wiechmann 1864-85, 1:152; Bachmann 1881, 38; Bosinski 1971, 176-98; Bosinski 1983; Bosinski 1984, 24-25; Jenny 1985, 46. The main dissenting voice has been Ameln, who argues that the 1533 edition of Klug's hymnal provides a more accurate indication of the content of the lost book than the Rostock volume. See Ameln 1971; Ameln 1985, 226; Ameln 1987-88, 128, n. 10.

[61] Leaver 1991, 35.

[62] Geffcken 1857, 212.

[63] Bachmann 1881, 45-59; quotation from p. 45.

[64] Leaver 1991, 79-80.

[65] A lost Helmstedt copy is also mentioned in WA, 393, n. 1.

[66] Formerly in Helmstedt, Universitätsbibliothek. According to WA (396), the last gathering is missing in this copy.

[67] It is unclear whether this book is extant. The listing in Borchling-Claussen 1931-36 (no. 1425) implies that one of the authors examined it. However, Jenny (1985, 144) states that it is lost and that only a photocopy has been preserved.

LIST OF WORKS CITED

Ameln, Konrad. "Literaturbericht zur Hymnologie." *Jahrbuch für Liturgik und Hymnologie* 9 (1964): 229-32.

———. "Das Klugsche Gesangbuch, Wittenberg 1529: Versuche einer Rekonstruktion." *Jahrbuch für Liturgik und Hymnologie* 16 (1971): 159-62.

———. "Literaturbericht zur Hymnologie." *Jahrbuch für Liturgik und Hymnologie* 29 (1985): 225-61.

———. "Faksimile-Ausgaben alter Quellen zur Hymnologie und Kirchenmusik." *Jahrbuch für Liturgik und Hymnologie* 31 (1987-88): 127-30.

Bachmann, Johannes. *Geschichte des evangelischen Kirchengesanges in Mecklenburg.* Rostock: Stiller'sche Hof- und Universitäts-Buchhandlung (Hermann Schmidt), 1881.

Benzing, Josef. *Lutherbibliographie: Verzeichnis der gedruckten Schriften Martin Luthers bis zu dessen Tod.* Baden-Baden: Verlag Librairie Heitz, 1966.

———. *Die Buchdrucker des 16. und 17. Jahrhunderts im deutschen Sprachgebiet,* 2d ed. Wiesbaden: Otto Harrassowitz, 1982.

Blume, Friedrich. *Protestant Church Music: A History.* New York: W. W. Norton, 1974; a translation and expansion of *Geschichte der evangelischen Kirchenmusik,* 2d ed., Kassel: Bärenreiter, 1965.

Borchling, Conrad and Bruno Claussen. *Niederdeutsche Bibliographie: Gesamtverzeichnis der niederdeutschen Drucke bis zum Jahre 1800,* 2 vols. Neumünster: Karl Wachholtz Verlag, 1931-36; reprint, Utrecht: HES Publishers, 1976.

Bosinski, Gerhard. *Das Schrifttum des Rostocker Reformators Joachim Slüter.* Göttingen: Vandenhoeck & Ruprecht, 1971.

———. "Joachim Slüter und Luthers Gesangbuch von 1529." *Theologische Literaturzeitung* 108 (1983): 705-22.

———. "Niederdeutsch im Liedgut der Reformationszeit." *De Kennung, Zeitschrift für plattdeutsche Gemeindearbeit* 7, no. 2 (1984): 6-38.

———, ed. *Joachim Slüter, Ein gar schönes und sehr nützliches Gesangbuch 1525; Eine schöne und sehr nützliche christliche Unterweisung 1525.* Leipzig: Zentralantiquariat der Deutschen Demokratischen Republik, 1986.

Brandt, Dwaine Charles. "The City of Magdeburg Before and After the Reformation: A Study in the Process of Historical Change." Ph.D. diss., University of Washington, 1975.

DKL = *Das deutsche Kirchenlied: Kritische Gesamtausgabe der Melodien*, ed. Konrad Ameln, Markus Jenny, and Walther Lipphardt. Band I / Teil 1: Verzeichnis der Drucke = RISM B/VIII/1. Kassel: Bärenreiter, 1975. Band I / Teil 2: Verzeichnis der Drucke, Register = RISM B/VIII/2. Kassel: Bärenreiter, 1980.

Geffcken, Johannes. *Die Hamburgischen Niedersächsischen Gesangbücher des sechszehnten Jahrhunderts*. Hamburg: Joh. Aug. Meißner, Verlagsbuchhandlung, 1857; reprint, Amsterdam: Verlag P. Schippers, 1966.

Hertel, Gustav, ed. *Die Chroniken der niedersächsichen Städte: Magdeburg*, vol. 2. Leipzig: Salomon Hirzel, 1899; reprint, Göttingen: Vandenhoeck & Ruprecht, 1962. (Die Chroniken der deutschen Städte vom 14. bis ins 16. Jahrhundert, vol. 27.)

Hofmann, Hans, ed. *Das erste Leipziger Gesangbuch von Michael Blume, Leipzig 1530*. Leipzig: Verlag Quelle & Meyer, 1914.

Holtz, Gottfried. "Niederdeutsch als Kirchensprache." In *Niederdeutsch als Kirchensprache: Festgabe für Gottfried Holtz*, ed. Dieter Andresen et al., 15-88. Göttingen: Vandenhoeck & Ruprecht, 1980.

Jenny, Markus, ed. *Luthers geistliche Lieder und Kirchengesänge: Vollständige Neuedition in Ergänzung zu Band 35 der Weimarer Ausgabe*. Cologne: Böhlau Verlag, 1985.

Leaver, Robin A. *"Goostly psalmes and spirituall songes": English and Dutch Metrical Psalms from Coverdale to Utenhove, 1535-1566*. Oxford: Clarendon Press, 1991.

LW = Leopold, Ulrich S., ed. *Liturgy and Hymns*. Vol. 53 of *Luther's Works*. Philadelphia: Fortress Press, 1965.

Noble, C. A. M. *Modern German Dialects*. New York: Peter Lang, 1983.

RISM = see DKL.

Russ, Charles V. J., ed. *The Dialects of Modern German: A Linguistic Survey*. London: Routledge, 1990.

Ueltzen, Hans-Dieter. "Joachim Slüters Gesangbuch von 1525." *IAH Bulletin* 20 (1992): 274-77.

Volz, Hans. "Ein unbekanntes niederdeutsches Gesangbuch." In *Humanismus und Reformation*, Teil V: Zwei Jahrzehnte deutscher Reformationsgeschichte, Vom Ausklang des Bauernkrieges bis zu Luthers Tod, 1525-1546; Lieferung 2: Luther, lxxviii-lxxxiv and 123-25. Berlin: Antiquariat Gerd Rosen, 1962.

W = Wackernagel, Philipp. *Das deutsche Kirchenlied*. 5 vols. Leipzig: Druck und Verlag von B. G. Teubner, 1864-77; reprint, Hildesheim: Georg Olms Verlag, 1990.

WA = Lucke, Wilhelm, ed. *D. Martin Luthers Werke: Kritische Gesamtausgabe*, vol. 35. Weimar: Hermann Böhlaus Nachfolger, 1923; reprint, Graz: Akademische Druck- und Verlagsanstalt, 1964. [Weimarer Ausgabe]

Wackernagel, Philipp. *Bibliographie zur Geschichte des deutschen Kirchenliedes im XVI. Jahrhundert.* Frankfurt am Main: Verlag von Heyder & Zimmer, 1855; reprint, Hildesheim: Georg Olms Verlag, 1987.

Wiechmann-Kadow, C. M., ed. *Joachim Slüter's ältestes rostocker Gesangbuch vom Jahre 1531.* Schwerin: Druck und Verlag von Dr. F. W. Bärensprung, 1858.

Wiechmann, C. M. *Meklenburgs altniedersächsische Literatur: Ein bibliographisches Repertorium.* 3 vols. Schwerin: Druck und Verlag von Dr. F. W. Bärensprung, 1864-85; reprint, Nieuwkoop: B. de Graaf, 1968.

Z = Zahn, Johannes, ed. *Die Melodien der deutschen evangelischen Kirchenlieder.* 6 vols. Gütersloh, 1889-93; reprint, Hildesheim: Georg Olms Verlagsbuchhandlung, 1963.

INDEX OF HYMN TEXTS

L, R = left or right of a double-page opening
front, back = endpapers

*   *   *

INDEX OF AUTHORS

L, R = left or right of a double-page opening
front, back = endpapers

*   *   *

INDEX OF MELODIES

L, R = left or right of a double-page opening

Z = Zahn, Johannes, ed. *Die Melodien der deutschen evangelischen Kirchenlieder.*
     6 vols. Gütersloh, 1889-93; reprint, Hildesheim: Georg Olms
     Verlagsbuchhandlung, 1963.

*   *   *

Enchiridion Geistliker leder onde Psalmen, Magdeburg 1536

FACSIMILE

The following photographic reproductions are five percent larger than actual size,
except the endpapers and title page which are eighty percent larger.

Christus onse heer totten Jordaen quam
na syns vaders wille · van sante
Johans de dope name syn werck ende
amt tet vervullen · daer wolde hij
stiften ons tij bat · so wassen ons
van sonden verdroue tij beterey doet ·
over sijn selfs bloet en wonder · het gaf
tij nieuw leven

soe hoert ende merket alle wel · daert
hoe heet selt die dope · ende wat tij cristus
geloven sel · soe imden heter hoet · got
sertt ende wijsl · dat water syn doet niet
allen slet water · syn heilige waert is oerk
daer bij · mit rihen geest sonder moeten ·
die is alhier die dope

sulc helfe hij ons bewijst klaerer niet
bielden en mit worden · des vaders stemm
men open baer · daer self aty tij Jordaen
hoorde · het sprack dit is mijnen leuen son
aty dien ich heb behagen · der wil ich
so bevolen hacy · dat ghij hen horen al
ende volgen synder lere ·

Lou Loue min siele den Heren want
in mij is den name sijn sijne weldaet
doet hij vermiren verget dat niet
Heren myn... dij dijne sunden ver...
erholt dijn schwacie groot beschut dij
arm leuen nemt dij in sijnen schoet
doet dij met sijnen troest beschuten
verhoget den armen dijn der koeningen
recht geboet die liden in sijnen riech

het hest Vnd welen laten sijn herlich
reet en sijn gerect daertoe sijne gude
sonder maten het gebresst... en erberm
niet sijnen toren laet hij wel faren
straft niet niet na onse schult die
gnade doet hij niet sparen den bloet
is hij holt sijn goet erharm... bij de
die hij frulten en also biten de ...
wan auant is onse sindt daer...

45

Kessler
1536 Ench

Als heru een vader erbarmet // aouer
sint Jonge kuuderen ruin // soe doet
die her ons armen // soe wij heru vruse
keudtlick rtin // hij keut ons gebuken
euen // hij vuet an sijn matre stof //
als ganb deb mesen lruen // een blomi
van den velde soet // den wirndt daer
ouer waeit // soe is hij nummer daer
alsoe die meud vergaet // sijn eudt dat
is hem na //

Die godeh genade alene // blijft stalt
eude vast in ewicheit // hij suuder lide
getruine // du stall in suuder fruit bert
die sijnen verbont beuaren // hij rtgrit
iu heuelrich // ghij sterkty eudt eugeln
scharty // sunb leueud dienen heru tol
ghellech // den grofen heer tot eeru
eudt drinen sijn helligue woert //
wij siel sal oth vermeren // sijn
loeh uty allen oert //

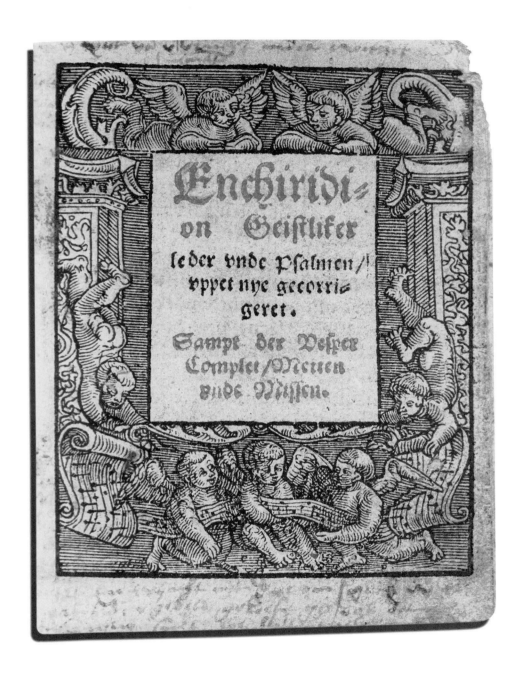

2

Dat
Vörrede D. Mart. Luthers.

At geistlike lede tho singende / gudt vnde Gade angeneme sy / holde ick / sy nenem Christen vorborgen / Dewile ydermanne nicht allene dat Exempel der Propheten vnde Röninge im Olden Testament (de mit singende vñ klingende / mit dichtende / vnde allerley seyden spel Godt gelauet hebben) sunder ock sodane bruck / sunderliken mit Psalmen der gemenen Christenheit van anbeginne kund ys. Ja ock S. Paulus solckes j. Corin. xiiij. ynsettet / vnde tho den Colossern büth / van herten dem Heren tho singende / geistlike lede vnde Psalmen / Vp dat dar dorch Gades wort vnde de Christlike lere vp allerley wyse gedreuen ande geöuet werden.

Dem na

Dem na hebbe ick ock / sampt etliken andern / tho einem guden anuange vnde orsake tho geuende / deñ / de ydt bett künnen / etlike geistlike lede thosamende gebracht / dat hillige Euangelion / dat nu van Gades gnaden wedder vpgeghan ys / tho driuende / vnde in den swanck tho bringende / Dat wy vns ock möthen berömen / alse Moses in synem sange deit / Exo. xv. Dat Christus vnse loff vñ danck sy / vnde nichtes weten schollen tho singende noch tho seggende / wenn allene Jhesum Christum vnsen Heilandt / alse Paulus secht / j. Corin. vij.

Vnde sint dartho in veer stemmen gebracht / nicht yth ander orsake / men dat ick gerne wolde / dat de yöget / de doch süs schal vñ moth in der Musiken vñ andern rechten künsten vpgetagen werden / wat hedde, dar se der bolenlede vnde sleschliken gesengen medde los wörde / vñ in der süluen stede wat

A ij   heilsa=

3

heilsames lerede / vnde also dat gude mit lust / alse den iungen thohört / yninge. Ock dat ick nicht der meninge bin / dat dorch dat Euangelion / scholden alle künste nedder geslagen werden / vnde vorghan / alse denn etlike althogeistliken vörgeuen / Sunder ick wolde gerne alle künste / sunderliken de Musiken / seen im denste des / de se gegeuen vnde geschapen hefft. Bidde derhaluen / ein yeder gudt fram Christen wolde sick sodans laten wol gefallen / vnde so em Godt mer edder des geliken vorlenet / helpen vördern / De gantze werlt ys süs leider rede altho trach vñ thouorgeten de armen yöget vp thothecende vnde tho lerende / dat me nicht ock alder ersten dörue orsake dartho geuen / Godt geue vns syne gnade / Amen.

Volget thom ersten de Laue=
sang / Nu bidde wy den hilligen geist.
Martinus Luther.

Nu bid=

NV bidde wy den hilligen geist / vmme den rechten geleuen aldermeist / dat he vns behöde an vnsem ende / weñ wy heim varë yth dessem elende / Ky.

Du werde licht giff vns dynen schin / lere vns Jhesum Christum kennen allein / Dat wy by em bliuen den truwen Heilande / de vns bracht hefft thom rechten Vaderlande / Kyrioleis.

Du söte leue schencke vns dyne gunst / lath vns beuinden der leue brunst / Dat wy vns van herten vnder ander leuen / vnde im sede vp einem sinne bliuen / Kyrio.

Du högeste tröster in aller nodt / help dat wy nicht früchten schande noch dodt / Dat in vns de sinne nicht vortzagen / wenn de viendt wert dat leuent vorklagen / Kyrio.

De sang / Veni sancte spiritus.
Martinus Luther.
A iij   Kum

Dat

KVm hillige geist Here Godt / vor-
fülle mit dyner gnaden gudt / dyner
lönigen herte modt vñ sñ / dyne vñ
rige leue entfenge in en / O Here dorch dy-
nes lichtes glantz / tho dem louen vorsam-
melt hast / dat volck yth aller welt tungen /
dat sy dy Here tho laue gesungen / Alle. Al.

Du hillige licht eddele hort / lath vns lüch-
ten des leuendes wordt / Vñ lere vns Godt
recht erkennen / van herten en Vader nö-
men / O Here behöde vor frömder lere /
dat wy nene meister söken mer / wenn Jhe-
sum Christ mit rechten louen / Vnde em
yth gantzer macht vortruwen / Allelu. All.

Du

IIIf.   Bladt

Du hillige vür söte trost / nu help vns frö-
lick vnde getrost / In dynem denste besten-
dich bliuen / de dröffenisse vns nicht affdri-
uen / O Here dorch dyne krafft vns bereide /
vnde stercke des flesches blödicheit / Dat wy
hyr ridderliken ringe / dorch den dodt thom
leuende tho dy dringen / Alleluia / Alleluia.

De sang / Media vita etc.
Martinus Luther.

MIdden wy im leuende syn / mit
dem dode vmmeuangen / Wene
söke wy de hülpe do / dat wy gnade
erlangen? Dat deistu Her allene / vns ru-
wet vnse missedat / de dy Here vortörnet
hat / hillige Here Godt / hillige starcke
Godt / hillihe barmhertige Heilandt / du
ewige Godt / lath vns nicht vorsincken in
des bittern dodes nodt / Kyrioleyson.

Midden in dem dodt anuecht / vns der

helle

Dat

helle rache / Wol wil vns yth solcker nodt /
fry vnde leddich maken? Dat deistu Here
allene / Wente vnse klage vnde grote leidt /
iammert dyner barmherticheit / Hillige He-
re Godt / Hillige starcke Godt / Hillige
barmhertige Heilandt / du ewige Godt /
lath vns nicht vorzagen / vor der depen hel-
le gloth / Kyrioleyson.

Midden in der hellen angst / vnse sünde
vns driuen / Wor scholle wy denn flegen
hen / dar wy mögen bliuen? Tho dy Here
Christ allene / Vorgaten ys dyn dürbar
blodt / dat genoch vor de sünde doth / Hil-
lige Here Godt / Hillige starcke Godt / Hil-
lige barmhertige Heilandt / du ewige Godt
lath vns nicht entfallen / van des rechten
louens trost / Kyrieleyson.

De cxxx. Psalm / De profundis
clamaui ad te Dom. Mar. Luther.

Vth

v.   Bladt

VTh deper nodt serye ick tho dy / He-
re Godt erhöre myn ropent / dyne
gnedige oren kere tho my / vñ my-
ner bede se öpen / Wente so du wult dat se-
en an / wat sünde vnde vnrecht ys gedan /
wol kan hyr vor dy bliuen?

By dy gelt nichts wenn gnade vñ gunst /
de sünde tho vorgeuen / Wente vnse dönt
ys doch vmmesüs / ock in dem besten leuen /
vor dy nemandt sick römen kan / des moth
dy früchten yderman / vnde dyner gnade
leuen.

Darumme vp Godt wil hapen ick / vp
myn vordenst nicht buwen / Vp en myn her-
te schal vorlaten sick / vnde syner güde tru-
wen / De my thosecht syn werde wort / dat
ys myn trost vnde truwe hort / Des wil ick
alle tidt wachten.   A y   Vnde

Dat

Vnde yfft ydt waret / beth in de nacht /
vnde wedder an den morgen / doch schal
myn herte an Gades macht vortwineln
nicht noch sorgen / So do Israel rechter
art / de vth dem geiste gebaren wart / Vn
de synes Gades vorwachte.

Ifft by vns ys der sünde veel / by Gade
ys veel mer gnade / Syne handt tho helpen
hefft nenen tal / wo groth ock sy de schade /
He ys allene de gude herde / de Israel vor
lösen wert / Vth synen sünden alle.

De Lauesang / Godt sy gelauet
etc. Martinus Luther.

Godt sy gelauet vnde gebenediet / de
vns süluest hefft gespiset / Mit sy-
nem flesche vnde mit synem blode /
dat giff vns Here Godt tho gude / Kyrio.

Here dorch dynen hilligen licham / de van
dyner möder Maria quam / Vn dat hillige
blodt / help vns Here vth aller nodt. Kyri.

De hil-

---

vj.   Bladt

De hillige licham ys vor vns gegeuen /
khom dode / dat wy dardorch leuen / Nene
grötter güde könde he vns schencken / darby
wy syner schollen gedencken / Kyrio.

Here dyne leue so seer dy gedwungen hat
dat dyn blodt an vns dede / grote wunder
dadt / Vnde betalde vnse schuldt / dat vns
Godt ys worden holdt / Kyrioleison.

Godt geue vns alle syner gnaden segen /
dat wy ghan vp synen weegen / In rechter
leue vnde bröderliker truwe / dat vns de
spise nicht geruwe / Kyrioleyson.

Here dyn hillige geist vns nicht vorlate /
de vns geue tho holden rechte mathe / Dat
dyne arme Christenheit / leeue in frede vn
enicheit. Kyrio.

Ein ledt van twen martelers /
Christi / tho Brüssel van den Sophisten tho
Löuen vorbrent / M. Luth. Gescheen im
iare. M.D.xxiii. am ersten dage Julij.

Ein

Dat

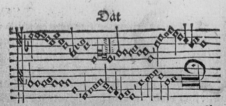

Ein nye ledt wy heuen an / des wolde
Godt vnse Here / tho singende wat
Godt hefft gedan tho synem laue vn
eeren / Tho Brüssel in dem Nedderlandt /
wol dorch twe junge knaben / hefft he syn
wunder maket bekent / de he mit synen ga-
uen / So ricklick hefft getyret.

De erste recht wol Johannes heth / so
rick an Gades hülden / Syn broder Hin-
rick na dem geist / ein recht Christ ane schül
de / van desser werlt gescheden sint / se heb
ben de krone erworuen / Recht alse de fra-
men Gades kinder / vor syn wort synd ge-
storuen / Syne marteler sind se worden.

De olde

---

vij.   Bladt

De olde viendt se vangen leth / vorschre-
ckede se lange mit drouwen / Dat wort Ga-
des he se vorlöschen hete / mit list se ock wol
de döuen / Van Löuen der Sophisten veel /
mit erer kunst vorlaren / Vorsammelde he
tho dessem speel / de geist se makede tho do-
ren / se konden nicht gewinnen.

Se sungen söte se sungen suer / vorsöch-
ten mannige liste / De knaben stünden alse
eine müre / vorachtede de Sophisten / Dem
olden viendt dat seer vordroth / dat he was
auerwunnen / Van solcken iungen er so
groth / he wart vull torns van stunden /
Gedachte se tho vorbernen.

Se roueden en dat kloster kledt / de wy-
inge se en ock affnemen / De knaben weren
des bereit / se spreken frölick / Amen / Se
danckeden erem Vader Godt / dat se loss
scholden werden / Des Düuels laruen spel
vnde spott darinne dorch valsche geberde /
De werlt her gar bedrücht.

Dat

Dat schickede Godt dorch syne gnade so /
dat se rechte Prester wörden / sick sülueff
en mosten offeren do / vñ ghan im Christen
orden / Der werlt gantz affgestoruen syn /
de hüchelie afflegen / Tho hemmel kamen
fry vnde rein / de Mönnikerye vthfegen /
Vnde minschen tandt hyr laten.

Men screff en vor ein breucken klen / dat
hete me se süluest lesen / de stücke se tekeden
alle darin / wat er loue was gewesen / De
högeste erdom desse was / Me moth allene
Gade löuen / De minsche lucht vnde drücht
vümmerdar / dem schal me nicht vortru=
wen / Des mosten se vorbernen.

Twe grote vür se richteden an / de kna=
ben se herbrachten / Ydt nam groth wun=
der yderman / dat se solcke pyn vorachten /
Mit fröwden se sick geuen darin / mit Ga=
des laue vñ singen / De modt wart den
Sophisten klein / vor dessen nyen dingen /
do sick Godt so leth mercken.   De

De schimp se nu geruwen hat / se wol=
dent gerne schön maken / se dören sick nicht
römen der dadt / se vorbergen vast de sake /
De schande im herten pyniget se / vnde kla=
gent eren genaten / doch kan de geist nicht
swygen hyr / des Habels blöt vorgaten /
Ydt moth den Cain melden.

De assche wil nicht laten aff / se stüfft in
allen landen / Dar helpet nen beck / hol / ku=
le noch graff / se maket den vyendt tho schan
den / de he im leuende dorch den mordt / tho
swygende hefft gedrungen / De moth he
dodt an allem ordt / mit aller stemme vnde
tungen / Gantz frölick laten singen.

Noch laten se er legen nicht / den groten
mordt tho smücken / Se geue vör ein valsch
gedicht / er geweten deit se drücken / De hil=
ligen Gades ock na dem dode / van en ge=
lastert werden / Se seggen in der lesten
nodt / de knaben noch vp erden / Sick schol=
len hebben vmmekeret.   De

De lat me legen yümmer hen / se heb=
bens klenen framen / Wy schollen dancken
Gade darinne / syn wort ys wedder
kamen / De sommer ys hart vor der dör /
De winter ys vorgangen / De zarten blo=
men ghan heruör / de dat hefft angeuan=
gen / de wert ydt wol vulenden.

De x. Psalm / Vt quid Domine

recessisti / tho singende wedder den Ante=
christ vnde syn ryke / Vp de wyse / alse
me singet / Pange lin. Michel Stiffel.

Yn arme hupe Here deit klagen gro=
ten dwang vam wedderchrist / de
syne bosheit hefft vorslagen / wol
vnder dynem worde mit list / welck in dessen
lesten dagen / synes gruwels vorstöringe is

Dyne tokumpst wy hoch begere / ock wor
bliffstu Here so lang? wultu vns denn nicht
erhören vñ affwenden vnsen drang / Sü
doch wo alse Wälue vñ beren de weldige
hupe an em hanget.   Wen

Wenn h: homoth drifft mit dauen / ber
nen moth dyn arme knecht / Synen anslach
moth me lauen / wat he deit / ys althomal
slecht / dat heth gudt so dessen bouen moth
wyken dyn Godtlike recht.

Synes herten schrin he vast pryset / ba=
uen Godt mit vuller gewalt / vns syne gna
de vnde afflath wiset / dat dyne gnade hefft
nen gestaldt / Gades wort dat de seele spy=
set vorlastert he mannichualt.

Vth güth he flokent vnde scheldent / wor
he volck wedderstandt / Achtet nicht / vnde
gedencket selden / yfft dar sy eere edder
schande / Sünde vnde schande moth hyr ni=
cht gelden / he vatet Godt ock in syne bande

Hoch wil he syn vnde besunder / dar ys
ydel auermodt / Dyn recht / Here / dyn
werck / dyne wunder / süth he nicht noch
dyne rede / he sprickt fry / de moth herun=
der / wol my hatet / ydt kostet syn blött.

   B   Nes

10

Dat

Nemandt ys dar de my affsettet / Gode
ys myn / vn ick syn bole / So my yemandt
hir beschriet / wecke ick vp myne hogen scho
le / Balde syn swerdt de Keiser wettet / be
schermet Sünte Peters stoel.

Vp erden ys nen minsche gehört / de so
banne vnde schelde / Syne gyrcheit dorch
bedröch bedört / de minschen alle vmme er
gelt / O wy vnde wee / syne tunge vorstört /
gude geweten in aller werlt.

He wil alse ein lerer sitten / wörgen ys
syn grötteste witte / synen kerckhoff moth
beschütten bannes krafft vnde heres spisse /
Wol en straffet / den lett he smitten ane ge
walt / syn stoel hefft nene stütten.

Darumme süth he vp mit sorgen / alse
ein louwe vp synem hale / dat em nemande
bliue vorborgen / de em setten willen ein
mal / Wol solckes deit de moth erwörgen /
en bringet syn nett in dat spel.

Also

x · Bladt

Also moth de arme vorderuen / dorch des
Pawestes ban vnde blix / van dem swerde
moth he dar steruen / geuenckenisse liden
vnde hitte / Gar nene gnade kan he vorwer
nen / dar helpt nene kunst edder witte.

Lath vns vechten / lath vns striden /
spricht de wedderchristlike herde / Hyr ys
Gode vp vnser syden / neen vngelücke vns
yümmer rört / Vnse sake tho allen tyden /
mit fröwden wert vthgeuört.

Here sta vp / vns deit vorlangen / lath
her breken dyn gericht / Dat tobraken wer
de dat pranget / dat mit lasteringe herschet
vn spricht / All de werlt niot wol an my han
gen / Godt süluen my nicht wedderuechtet.

Den grüwel Here moth erstecken / vnde
döden dyn swerdt / Minschen handt kan en
nicht breken / he ys klener straffe nicht
werdt / Ewige pyne moth solckes wreken
denn wert de arme hupe nicht erhört.

B ij   Synen

11

Dat

Syner gewalt ys affgebraken / ytsun
des rede dat grötteste horn / Noch mit ei
nem deit he puchen / den hingest rit he mit
einem sporn / hefft de werlt an sick gestech
tet / de gewalt ys em noch geswarn.

Loff sy Gade / de tidt ys kamen / he wil
süluest syn de Herde / Gy Papisten möten
vorstummen / de gy hebben de werlt vor
uört / Godt hefft vnse bedt vornamen / syn
ördel iuw scheden wert.

Iuwe stoltheit maket iuw tho schanden /
Godt wert hören vnse klage / balde vp er
den in den landen / wert sick enden alle vor
drach / Alle teken sint vorhanden / nen Chri
sten dat vorlöchen mach.

Godt mit alle mynen sinnen / ick dyn loff
vnde eere hyr driue / So ick scheden schal
van hinnen / bewar my Here seele vnde
liff / Dat ick möge den stridt gewinnen / vn
ewichlick by dy bliue.

De Hymn

xj · Bladt

De Hymnus / Pange lingua /
vordüdeset dorch Michel Stiffel.

Minsche dyn tunge mit gesange
schal geuen / glorie dessem Sacra
mente / Darin Christus dy syn
lecuent / flesch vnde blöt hefft tho gewent /
Seele vnde salicheit gar euen / Mit der
Godtheit gantz vthgedelt.

Vns gegeuen vns gebaren / ys van ei
ner reinen maget / De vns hülpe vnde trost
geswaren / hefft vn gewislick tho gesecht /
hefft vorsönet Gades torne / Dodt sünde
vnde helle wyth voriaget.

Do he hefft mit grotem wunder / synes
leuendes ampt vullenbracht / hefft he sick
dem armen sünder / Hir tho laten wol be
dacht / Vnder dem brode vnde wyne besun
der / Syn Testament vns gemaket.

He ys starck in synen worden / Schaffet
vnde vorandert wat he wil / wedder de

B iij   sünde

12

Dat

stunde vnde helschen porten / Maket he
vnse geweten stil / Gifft vns frede an allen
örden / dat he vns mit leue vorfülle.

Desse woldat deit vns leren / Gades
wort in syner gewaldt / so dorch den louen
sick deit meren / Leue vnde andacht man-
nichfalt / Deit in ein nye creatur vorkeren /
Dat in vns ys Adams gestalt.

Do vns vnse herte berören / Vader / Sö-
ne vnde hillige Geist / Dat in vnsem iubi-
leren / Seele vñ gemöte singen aldermeist /
Make dat wy hir nicht vorlesen / Dat eini-
ge dat du vns thosechst.

De xij. Psalm / Saluum me fac.
tho singende vmme erheuinge des hilli-
gen Euangelij / Marti. Luther.

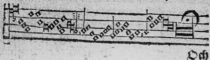

Och

xij. Blade

OCh Godt van hemmel see darin / vñ
lath dy des erbarmen / Wo weinich
sint der hilligen dyn / vorlaten sint
wy armen / Dyn wort me lett nicht hebben
war / de loue ys ock vorlöschet gar / By al-
len minschen kinderen.

Se leren ydel valsche list / wat egen wit-
te eruinden / Er herte nicht eines sinnes ys
in Gades worde gegründet / De eine erwe-
let dith / de ander dat / se delen vns ane alle
mathe / Vnde schynen schön van buten.

Godt wolde vthraden alle lere / de val-
schen schyn vns leren / Dartho ere tunge
stolt apenbar / spricht trotz wol wilt vns we-
ren? Wy hebben recht vnde macht allene /
wat wy setten dat gelt gemene / Wol ys
dar de vns scholde meistern?

Darumme spricket Godt / ick mot vp syn
de armen sint vorstöret / Er süchten dren-
get tho my herin / ick hebbe er klage erhö-
  B iiij ret /

13

Dat

ret / Myn heilsam wort schal vp den plan /
getrost vnde stucks se grypen an / Vnde syt
de krafft der armen.

Dat süluer dorch dat vür söuen mal / be-
wert wert lutter vunden / am worde Ga-
des me warnemen schal / des geliken alle
stunde / Jt wil dorch dat Crütze bewaret
syn / dar wert syn krafft erkant vnd schyn /
vnde lüchten starck in de lande.

Dat woldestu Godt bewaren rein / vor
dessem argen geslechte / Vnde lath vns dy
beualen syn / dat ydt sick in vns nicht slech-
te / De Godtlose hupe sick vmmeher vindt /
wor desse lose lude sint / In dynem volcke
erhauen.

Christ ys erstanden / gebetert /
Martinus Luther.

xiij. Blade

CHrist lach in dodes bädden / vor vn-
se sünde gegeuen / De ys wedder vp-
erstanden / vñ hefft vns bracht dat le-
uent / Des wy scholden frölick syn / Godt
lauen vnde danckbar syn / vñ singen / Allel.

Den dodt nemandt dwingen konde / by
allen minschen kindern / Dat makede alle
vnse sünde / nene vnschuldt was tho vin-
den / Daruan quam de dodt so baldt / vnde
nam auer vns gewaldt / heldt vns in sy-
nem rike gefangen / Alleluia.

Jhesus Christus Gades Söne / in vnse
stede ys gekamen / Vnde hefft de sünde aff
gedan / darmede dem dode genamen / Al
syn recht vnde syne gewalt / dar blifft nich-
tes wenn dodes gestaldt / syne macht hefft
he vorlaren / Alleluia.

Jdt was ein wunderlick krych / do dodt
vñ leuent ringden / Dat leuent behelt den
stridt / ydt hefft den dodt vorslungen / De
  B v schrifft

14

Dat

scrifft hefft vorkündiget dat /Wo ein dodt
den andern frat / Ein spot uth dem dode ys
worden /Alleluia.

Hyr ys dat rechte Paschelam / daruan
Godt hefft gebaden /dat ys an des Crützes
stam /in heter léue gebraden / Des blött te
kent vnse dör / dat holdt de loue dem dode
vör / De wöger kan vns nicht rören /Allel.

So vyre wy dith hoge fest / mit herten
fröwde vnde wunne / Dat vns de Here
schinen lett / he ys süluen de Sünne / De
dorch syner gnaden glantz / erlüchtet vnse
herten gantz /Der sünde nacht ys vorgan=
gen /Alleluia.

Wy ethen vnde leuen wol / in rechten
Paschen staden / De olde suerdech nicht
schal syn by dem worde der gnaden /Chri=
stus wil de spyse syn / vnde spisen de seele
allene / De loue wil nenes andern leeuen /
Alleluia.

De

De lxvij. Psalm / Deus miserea
tur nostri. Martinus Luther.

G Odt wolde vns doch gnedich syn vñ
synen segen geuen / Syn antlat vns
mit hellem schyn /erlücht thom ewi=
gen leuen / Dat wy erkennen syne werck /
vnde wat em leuet vp erden /Vnde Jhesus
Christus heil vnde sterck / bekandt den Hei
den werden /vnde se tho Gade bekeren.

So dancken Godt vnde lauen dy /de Hei
den auer alle /Vnde all de werlt de fröwet
sick /vnde singen mit grotem schalle / Dat
du vp erden richter bist / vnde lest de sünde
nicht wolden /dyn wort de wacht vñ welde

ys /de

15

Dat

ys / de all dat volck erholden / Jn rechter
bane tho wanderen.

Des dancken Godt vnde lauen dy / dat
volck in guden daden / Dat landt bringet
frucht vñ betert sick / dyn wort ys wol gera
den / Vns segen de Vader vnde de Söne /
vns segene Godt de hillige geist / Dem alle
de werlt de eere do / vor em sick früchte al=
dermeist /Nu spreket van herten / Amen.

De lj. Psalm / Miserere mei de=
us / van der erffsünde vnde eren frücht=
ten /Erhardus Hegenwolt.

E Rbarme dy myner o Here Godt /na
dyner grote barmherticheit /Wasche

aff

---

aff make rein myne missedadt / ick kenne
myne sünde vnde ys my ledt /Allene ick dy
gesündiget han /dat ys wedder my stedich=
lick /dat böse vor dy mach nicht bestan / du
blifft gerecht so du ordelst my.

Sü Here in sünden bin ick gebaren/ in
sünden entfenck my myn moder /De war=
heit leuest deist apenbarn / dyner wyssheit
hemelike güder / besprenge my Here mit
Jsopo /reine werde ick wo du waschest my /
Witter wenn de snee myn hörent wert fro
all myn gebente wert fröwen sick.

Here see nicht an de sünde myn / do aff
alle vngerechticheit /Vnde make in my dat
herte rein / einen nien geist in my bereide /
Vorwerp my nicht van dynem angesichte /
Dynen hilligen geist wende nicht van my /
de fröwde dynes heils her tho my richte /de
hillige geist entholde my dy.

Den Godloses wil ick dyne wege /de sün

ders

Dat

ders ock dartho leren / Dat se van bösen
valschen stege /tho dy dorch dy sick bekeren/
Bescherme my Here mynes heils ein Godt
vor dynem ordel dorch dat blött bedüdet /
Myn tunge vorkündige dyn rechte gebot/
schaffe dat myn mundt dyn loff vthbrede.

Neen lifflick offer van my esschest/ick hed
de dy dat ock geuen /So nim nu den tho=
knirscheden geist/ dat bedröuede vnde truri
ge herte darneuen /Vorsmade nicht Godt
dat offer dyn / do wol in dyner güdicheit/
Dem berge Zion dar Christen syn /de offe
ren dy gerechticheit.

Ein Ledt van dem gantzen Ch= ristliken leuende /Nu fröwet iuw leuen Christen /Marti. Luther.

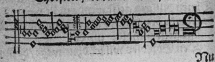

Nu

xvj.   Bladt

NV fröwet iuw leuen Christen ge=
mein /vn lath vns frölick springen/
Dat wy getrost vnde alle in ein/
mit lust vnde leue singen /Wat Godt an
vns gewendet hat /vnde syne söte wunder=
dadt / Gar dür hefft he ydt vorworuen.

Dem Düuel ick geuangen lach /im do=
de was ick vorlaren /Myne sünde my que=
lede nacht vnde dach /darinne ick was ge=
baren /Ick vell ock yümmer deper daryn /
dar was nicht gudes am leuende myn /De
sünde hadde my beseten.

Myne gude wercke de gülden nicht /ydt
was mit en vordoruen /de frie wille hatede
Gades gericht / he was thom guden gestor=
uen /de angst my tho vortwiueln dreff /
dat nichtes denn steruen by my bleff /thor
hellen moste ick sincken.

Do yammerde Godt in ewicheit /myn
elende auer de mathen /He dachte an syne
barm=

Dat

barmherticheit /he wolde my helpen laten/
He kerde tho my des Vaders hert /idt was
by em vorwar nen scherte /She leth ydt sick
syn beste kosten.

He sprack tho syrem leuen söne /de tidt
ys hyr tho erbarmen /Var hen mynes her
ten werde krone /Vnde sy dat heil dem ar=
men /Vnde help em vth der sünde nodt/
Erwörge vor en den bittern dodt /vnde
lath en mit dy leeuen.

De söne dem Vader gehorsam wart/
He quam tho my vp erden /Van einer jung
frouwen rein vnde zart /He scholde myn
broder werden /gantz hemelick vörde he
syne gewalt / he ginck in myner armen ge=
staldt /Den düuel wolde he vangen.

He sprack tho my /holdt dy an my /ydt
schal dy nu gelingen /Ick geue my sület
gantz vor dy /Dar wil ick vor dy ringen/
Wente ick bin dyn vnde du bist myn /Vn
wor

wor ick bliue /dar schaltu syn /Vns schal
de vyendt nicht scheiden.

Vorgeten wert he my myn blött /dar=
tho myn leuent rouen /Dat lide ick alle dy
tho gude /Dat holdt mit vastem louen/
Den dodt vorslinget dat leuent myn /
Myn vnschuldt drecht de sünde dyn /Dar
bistu salich worden.

Tho hemmel tho dem Vader myn /va
re ick van dessem leuen /Dar wil ick syn de
meister dyn /den Geist wil ick dy geuen /de
dy in dröffenisse trösten schal /vnde leren
my erkennen wol /vnde in der warheit lei
den.

Wat ick gedan hebbe vnde gelert /dat
schaltu don vnde leren /Darmit dat rike
Gades wert gemert /tho loff vnde synen
eeren /Vnde hö't dy vor der minschen ge=
satt /daruan vorderuet de eddel schatt/
Dat lath ick dy thom lesten.

C   Ein

18

Dat

Ein ledt van dem valle vnde der
wedderbringinge des minschliken ge-
slechtes. Lazarus Spengeler.

Dorch Adams vall ys gantz vordor-
uen/de minschlike natur vñ wesent
De sülue vorgifft ys vp vns gestor-
uen/dat wy nicht künden genesen/Ane Ga-
des trost/de vns erlöst/hefft van dem gro-
ten schaden/Darinne de slange Heuam be-
dwang/Gades torn vp sick tho laden.

Dewile denn de slange Heuam hefft
bracht/dat se ys affgeuallen/Van Gades
worde dat se voracht/dar dorch se in vns
allen/bracht hefft den dodt/so was ydt yo
nodt

xviij.   Bladt

nodt/dat vns ock Godt scholde geuen/Sy-
nen werden Sön der gnaden thron/in dem
wy möchten leuen.

Gelick als vns nu hefft/eine frömde
schuldt in Adam all vorhönet/Also hefft
vns eine frömde hülde/in Christo all vor-
sönet/vñ gelick alse wy alle/dorch Adams
vall/sint des ewigen dodes gestoruen/Al-
so hefft Godt dorch Christus dodt/vorniet
dat dar was vordoruen.

So he vns denn synen Söne hefft ge-
schenckt/do wy syne vyende noch weren/
De vor vns ys ant Crütze gehenget/gedö-
det/tho hemmel geuaren/dar dorch wy
syn/vam dode vnde pyn/vorlöset/so wy
vortruwen/in dessem hort/des Vaders
wort/wene wolde vor steruende gruwen.

He ys de wech dat licht de porte/de war-
heit vnde dat leuent/des Vaders radt vñ
ewige wordt/den he vns hefft gegeuen/
          C ij   Tho

19

Dat

Tho einem beschüt/dat wy mit trotz/an
en vaste schollen löuen/darumme vns bal-
de/nene macht noch gewalt/vth syner
handt wert rouen.

De minsche ys Godtlos vnde vorrückt/
Syn heil ys ock noch verne/De trost by ei-
nem minschen socht/vnde nicht by Gade
dem Heren/Wente wol sick wil ein ander
teel/ane dessen tröster stecken/den kan gar
balde/des Düuels gewaldt/mit syner list
vorschrecken.

Wol hapet vp Godt/vñ em vortruwet/
de wert nicht tho schanden/Wente wol vp
dessen vels buwet/ysft em rede kümpt tho
handen/veel vnfals hir/hebbe ick doch nü/
den minschen seen vallen/De sik vorlet vp
Gades trost/he helpet synen löuigen allen.

Ick bidde o Here vth herten grundt/du
willest nicht van my nemen/Dyn hillige
wort vth mynem munde/so wert my nicht
beschе-

xix.   Bladt.

beschemen/Myne sünde vnde schuldt/wen-
te in dyne hülde/sette ick all myn vortru-
went/wol sick nu vast darup vorlett/de
wert den dodt nicht schouwen.

Mynen vöten ys dyn hillige wordt/ein
bernernende lucerne/Ein licht dat my den
wech wyset vort/So desse morgensterne/
In vns vpgheit/so balde vorsteit/de min-
sche de hoge gaue/De Gades geist/den ge-
wiss thosecht/de ein höpen dartho dragen.

De Tein bade Gades/lanck be-
grepen/Martinus Luther.

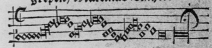

Dyth sint de hilligen tein gebot/de
vns gaff vnse HERE God/dorch
Mosen synen dener truw/hoch vp
dem berge Sinai/Kyrioleis.

          C iij   Ick

20

Dat

Ick bin allene dyn Godt de Here / nene
Göde schaltu hebben mer / du schalt ny
gantz vortruwen dy / van herten grundt
leuen my / Kyrioleys.

Du schalt nicht bruken tho vneern / den
namen Gades dynes Heren / du schalt ni=
cht prysen recht noch gudt / ane wat Godt
sůluest redet ynde doth / Kyrioleys.

Du schalt hilligen den söuenden dach /
dat du ynde dyn huß rouwen mach / du
schalt van dynem donde laten aff / dat God
syn werck in dy schaffe / Kyrioleys.

Du schalt eeren ynde gehorsam syn / dem
Vader ynde moder dyn / ynde wor dyne
handt en denen kan / so werstu ein lange
leeuent han / Kyrioleys.

Du schalt nicht döden törnishlick / nicht
haten noch sůluest wreken dick / gedult heb
ben ynde sachten modt / ynde ock dynem vy
ende don dat gudt / Kyrioleys.

Dyn

xxi.　　**Bladt**

Dyn Ee schaltu bewaren reine / dat ock
dyn herte nen andere meine / ynde holden
küsch dat leeuent dyn / mit tucht ynde meti=
cheit syn / Kyrioleys.

Du schalt nicht stelen gelt noch gudt /
nicht wokeren / iemandes sweth ynde blöt /
du schalt ypdon dyne milde handt / den ar
men in dynem landt / Kyrioleys.

Du schalt nen valsch getüge syn / nicht
legen yp den negesten dyn / syn vnschuldt
schalt ock redden du / ynde syne schande de=
cken tho / Kyrioleys.

Du schalt dynes negesten wiff vñ huß
begeren nicht / noch ychteswes daruth / du
schalt em wünschen alle gudt / als dy dyn
herte sůluest doth / Kyrioleys.

De gebade all vns gegeuen sint / dat du
dyne sünde o minschen kindt / erkennen
schalt ynde leren wol / wo men vor Gade
leeuen schal / Kyrioleys.

C iiii　　Di

21

Dat

Des help vns de Here Jhesu Christ / de
vnse middeler worden ys / ydt ys mit vn
sem donde vorlaren / vordenen doch men
ydel thorn / Kyrioleis.

De Tein gebade / vppet körteste /
Martinus Luther.

Minsche wultu leeuen salichlick /
ynde by Gade bliuen ewichlick /
schaltu holden de tein geboth / de
vns gebüdt vnse Godt / Kyrioleys.

Dyn Godt allein ynde Here bin ick /
neen ander Godt schal erren dick / Truwen
schal my dat herte dyn / myn egen ryke schal
tu syn / Kyrioleys.

Du schalt mynen namen eeren schon / vñ
in der nodt my ropen an / du schalt hilgen
den Sabbath dach / dat ick in dy wercken
mach / Kyrioleys.

Dem vader ynde der moder dyn / schaltu
na my

xxi.　　**Bladt**

na my gehorsam syn / nemandt döden noch
törnich syn / vñ dyne Ee holden rein / Kyri.

Du schalt eim andern stelen nicht / yp ne
mandt valsches tügen nicht / dynes nege=
sten wiff nicht begeren / ynde all synes gu
des gern entberen / Kyrioleys.

De Tein gebade / noch eins kört
liken begrepen. Johannis Agricola.

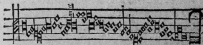

Gades recht ynde wunderdadt / wil
vns Mose wysen / dat wy kennen
Gades radt / dat herte tho em nege /
he yuert starck / straffen lett he nicht / he
lidt nenen Gades genaten / vortruwet rech
te thouorsicht / geualt em auer alle mathe.

Hillich ys de name syn / wol en anröpt de
wert leeuen / Misbruck straffet de helsche

C v　　ryn

22

Dat

pyn/dorh en werden sünde vorgeu/Vor-
achte alle dyne werck/wultu den Sabbath
holden/Wachte allene vp Gades stercke/
lath en in dy recht wolden.

Eeren schaltu de oldern dyn/wultu lan-
ge vp erden leeuen/Do en dyner hülpe
schyn/Gades willen driffstu euen/des her-
ten schruel der tungen vorgifft/der hende
grüwlike dödens/Vorböden ys des hates
stifft/dynem vyende help vth nöden.

Vntüchtige wort/wercke/radt vñ dadt/
wil Godt vp erden nicht liden/Gedancken/
teken/öueldadt/fretent/supent schaltu mi-
den/Still nicht sülur noch goldt/noch
gudt/de armen schaltu redden/Beger ni-
cht ander sweth vnde blött/Neen woker
laue in den steden.

Beware mundt vnde herte rein/vam le-
gende vp dynen negesten/holdt en alse den
leuesten dyn/legge alle ding vth thom be-
sten

rrij. Bladt

sten/wyff/huss/hoff/vnde wat he hesse/
schaltu yo nicht begeren/Godt wil dy ane
synen schaden süs ricklick wol ernēren.

Wol weten wil wat in em sy/de mercke
vp desse sprake/Se wyset vth so manniger
ley/wo böss sy vnse sake/Gades kinder don
dith allein/enwech ys vnse röment/Min-
schen tandt ys ydel syn/Godt straffet ydt
vnde wilt vordömen.

Och Here Godt dewile wy syn/dorch
dyne wort geslagen/Gyff vns Here dynen
Christ allein/süs möthe wy vortzagen/
Den du vns gegeuen hast/einen heil vnde
trost/der armen/He ys dyner eren glantz/
Here lath dy vnser erbarmen.

Hymnus/Veni redemptor gen
tium/Martinus Luther.

Nu

23

Dat

NV kum der Heiden Heilandt/der
Jung'rouwen kindt erkandt/Des
sick wundert alle werlt/Godt solcke
gebort em bestelt.

Nicht van mans blode noch van flesch/
allene van dem hilligen geist/Ys Gades
wordt worden ein minsch/vnde blött ein
frucht wyues flesch.

Der Jungfrouwen liff swanger wart/
doch bleff küscheit rein bewart/Lüchtet
heruör/mennich döget schon/Godt dar
was in synem thron.

He ging vth der kamer syn/dem Kö-
ninckliken sael so rein/Godt van art vnde
minsch ein helt/synen wech he tho lopen ylt

Syn lop quam vam Vader her/vñ kert
wedder tho dem Vader/Voer henunder
tho der hell/vnde wedder tho Gades stöl.

Do du bist dem Vader gelick/voer hen
vth dem sege im flesch/dat dyn ewige Ga-
des ge-

rriij. Bladt

des gewaldt/in vns dat kranck flesch ent-
holdt.

Dyn krübbe glentzet hell vnde klar/de
nacht gifft ein nie licht dar/Duncker moth
nicht kamen darin/de geloue blifft yüm-
mer im schyn.

Loff sy Godt dem Vader dann/Loff sy
Godt dem einigen Sön/loff sy Godt dem
hilligen geist/yümmer vnde in ewicheit.

De Hymnus/A solis ortus
dorch Mar.Luther vordüdeschet.

Christum wy schollen lauen schon/
der reinen magd Marien Sön/So
wyth de leue Sünne lüchtet/vnde
an aller werlt ende reckt.

De salich schepper aller ding/töch an ei-
nes knechtes liff gering/Dat he dat flesch
dorch flesch erwörue/vnde syne scheppenis-
se nicht alle vordörue.

De Godt-

De Gödtlike gnade van hemmel groth /
sick in de küsche moder gölh / Ein megdelin
dröch ein hemelick pandt / dat der nattur
was vnbekandt.

Dat tüchtich hus des herten hart / gar
balde ein Tempel Gades wart / De neen
man röret noch erkandt / van Gades wort
se men swanger vandt.

De eddel moder hefft gebarn / den Ga=
briel vorhet thouörn / den S. Johans mit
springe töget / do he noch lach in moder liue

He lach im höw mit armodt groth / de
krübbe hart em nicht vordroth / ydt wart
eine klene melck syne spyse / de nü nenen
vogel hungern leth.

Des hemmels Chor sick fröwen daraff /
vnde de Engel singen Gade loff / Den ar=
men herden wart vormelt / de herde vnde
schepper aller werlt.

Loff eere vnde danck sy dy gesagt / Christ
gebarn

barn van der reinen magdt / mit Vader
vnde dem hilligen geist / van nu an beth in
ewicheit.

Ein Lauesang van der geborth
Christi / Martinus Luther.

GElauet systu Jhesu Christ / dat du
minsche gebaren bist / van einer
Jungfrouw dat ys war. des fröwet
sick der Engel schar / Kyrioleys.

Des ewigen Vaders enich kindt / ytt
men in der krübben vndt / In vnse arme
flesch vnde blöt / vorkledet sick dat ewige
gudt / Kyrioleys.

Den aller werlt kreyt nicht beslöth / de
licht in Marien schoth / He ys ein kindelin
worden klein / de alle dinck erheldt allein /
Kyrioleys.

Dat ewige licht gheit dar herin / gifft der
werlt einen nien schin / Ydt lüchtet wol mid
den in der nacht / vñ vns des lichtes kinder
maket / Kyrioleys.   De

De Söne des Vaders Godt van art / ein
gast in der werlt wart / Vnde vörde vns
vth dem jammerdale / vnde maket vns er=
uen in synem sael / Kyrioleys.

He ys vp erden kamen arm / dat he vn=
ser sick erbarme / vnde in dem hemmel ma=
kede ryck / vnde synen leuen Engeln gelick /
Kyrioleys.

Dat hefft he alle vns gedan / syne grote
leue tho tögen an / des fröwe sick alle Chri=
stenheit / vnde dancke em des in ewicheit /
Kyrioleis.

Sünte Johannis Hussen ledt /
gebetert / Martinus Luther.

IHesus Christus vnse Heilandt / de van
vns den Gades torne wandt / dorch dat
bitter lident syn / halp he vns vth der
helle pyn.   Dat

Dat wy nümmer des vorgeten / gaff he
vns syn liff tho eten / vorborgen im brodt
so klen / vñ tho drincken syn blöt im wyn.

Wol sick tho dem dische wil maken / de
hebbe wol acht vp syne saken / wol vnwer=
dich hentho gheit / vor dat leuent den dodt
entfengt.

Du schalt Godt den vader prysen / dat he
dy so wol wolde spysen / vñ vor dyne misse=
dadt / in den dodt synen Söne gegeuen hat.

Du schalt gelöuen vnde nicht wanckeln /
dat eine spyse sy der krancken / denn er herte
van sünden swer / vnde van angst ys bedrö=
uet seer.

Solck groth gnade vñ barmherticheit /
socht ein herte in groter arbeit / Is dy wol
so bliff daruã / dat du nicht krigest bösen lon

He sprickt süluen kamet gy armen / lath
my auer juw erbarmen / Nen arst ys dem
starcken nodt / syn kunst wert an em gar
ein spott.   D   Heddestu

26

Heddestu dy wat kundt erweruen / wat
dörfft ick denn vor dy steruen? Desse disch
ock dy nicht gilt / so du süluen dy helpen
wilt.

Gelöuestu dat van herten grunde / vn be
kennest mit dem munde / so bistu recht wol
geschickt / vnde de spyse dyne seele erquickt.

De frucht schal ock nicht vthe bliuen / dy
nen negesten schaltu leuen / dat he dyner ge
neten kan / wo dyn Godt hefft an dy gedan.

De cxvij. Psalm / Laudate Do-
minum / Johannis Agricola.

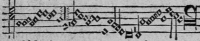

FRölick wille wy alleluia singen / Vth
vurigem beger vnses herten springe /
Syne gnade vordelget hefft all vnse
sünde / In em hebbe wy rike schatte gefun-
den.

Alleue

Allent wat leeuet vp erden schal Godt
lauen / Ricklick ys syne gnade auer vns er
hauen / gnade / leeuent / stercke vnde krafft
hebbe wy geeruet / Helle / dodt / des Dü-
uels macht / ys dorch en vorderuet.

Godt secht gnade tho / allen de em tru
wen / trost / hülpe / schicket he tho / den de vp
en buwen / Vast / stede / truwliken holt ane
list vnde bedregent / Alse syn wordt vormel
det / wente he kan nicht legen.

Gade sy loff gesecht vn synem enige söne /
Dem hilligen geiste Gade van art mechtich
in einem throne / Van anbeginne he was
blifft ock beth an dat ende / Alle de werlt
süth en klar / Here van vns nicht wende.

De xxviij. Psalm / Beati qui ti-
ment Dominum. Mar. Luther.

D ij   Wol

27

WOl dem de in Gades fruchten steit /
Vnde vp synem wege gheit / dyn egen
handt dy neeren schal / so leuestu recht vnde
gheit dy wol.

Dyn wiff wert in dynem huse syn / alse
eine wynrancke vull druuen syn / Vnde dy-
ne kinder vmme dynen disch / alse ölieplan-
ten gesundt vnde frisch.

Sü / sodan rike segen hangen deme an /
worin Gades früchten leeuet ein man /
Van em leth de olde stöck vnde thorn / den
minschen kindern angebarn.

Vth Zion wert Godt segen dick / dat du
werst schouwen stediichlick / dat gelücke der
stadt Jerusalem / vor Gade in guaden an-
genem.

Fristen wert he dat leeuent dyn / vnde
mit güde stedes by dy syn / dat du seen werst
kindes kindt / vn dat Israel frede vindt.

De lauesang Simeonis / Nunc
dimittis / Mar. Luther.   Mit

MIt frede vnde fröwde ick vare dar
hen in Gades willen / Getrost ys
my herte moth vnde sinn / sacht
vnde stille / wo Godt my vorheten hefft / de
dodt ys myn släp worden.

Dat maket Christus war Gades Sön /
de truwe heilandt / Den du my Here hefft
seen lan / vnde maket bekandt / Dat he sy
dat leeuent vnd heil / in noodt / Sünde / an-
gest vnde steruen.

Den hefftu allen vörgestelt / mit groten
gnaden / Tho synem rike de gantzen werlt /
heten laden / Dorch dyn dürc heilsam wort
an allem ordt erschollen.

D iij   Heys

He ys dat heil vnde salich licht vor de
Heiden / tho erlüchten de dy kennen nicht/
vnde tho weiden / he ys dynes volcks If=
rael/de pryß / eere fröwde vnde wunne.

De cxxiiij. Pfalm/Nifi quia Do minus/Martinus Luther.

Ere Godt nicht mit vns deffe tidt/
so schal Israel sagen/Were Godt
nicht mit vns deffe tidt/wy hedden möten
vortzagen/ De solck ein arme hüpken sint/
vorachtet van so veel minschen kindt / de
sick wedder vns setten alle.

Vp vns ys so törnich er sinn/ wo Godt
dat hedde thogeuen/Vorslungen hedden se
vns hen / mit dem gantzen liue vn leeuen/
Wy weren alse de eine flöth vorsupt/vnde
auer

auer welcke groth water löpt/Vnde mit ge
waldt vorrencket.

Gade loff vnde danck de nicht tho gaff/
dat ere kele vns möchte vangen/Gelick als
ein vogel des strickes kumpt aff / ys vnfe
seele entgangen/Strick ys entwey vnde wy
sint fry / des HERen name steit vns by/
Des Gades hemmels vnde der erde.

De cxxiiij. Pfalm/Nifi quia Do minus etc. Doct. Jonas.

Wo Godt de Here nicht by vns hölt/
wenn vnse viende dauen/Vnde he
vnser sake nicht by valt im hemmel
hoch dar bauen/Wo he Israel beschüttin=
ge nicht ys/ vnde süluen brickt der viende
list/so ysset mit vns vorlaren.

Mat minschen krafft vnde witte anfan
get/schal vns billick nicht vorschrecken/He
sit an der högesten stede/de wert eren radt

D iiij vpdecken

vpdecken / wenn se ydt vppet klökeste gripen
an / so gheit doch Godt eine ander ban/
Ydt steit in synen henden.

Se wöten vast vnde varen her/ alse wol
den se vns freten/Tho wörgen steit all er
beger/Godt ys by en vorgeten/Alse mee=
res bülgen herinner stan/ na liff vnde lee=
uende se vns stan/ Des wert sick Godt er=
barmen.

Se stellen vns alse kettern na / na vn=
sem blode se trachten/Noch römen se sick
Christen hoch / de Godt allene groth ach=
ten/Och Godt de dürbar name dyn/moth
erer schalckheit deckel syn / Du werst ein
mal vpwaken.

Vp sperren se de kelen wyth/ vnde wil=
len vns vorslingen/Loff vnde danck sy Ga
de alletidt/ydt wert en nicht gelingen/He
wert ere stricke thoriten seer/vn störten ere
valschen lere/Se werdt Gade nicht weren.

Och

Och Here Godt wo rick tröstestu/de gentz
lick sint vorlaten/Der gnade dör steit nüm
mer tho / de vornufft kan dat nicht vaten/
se sprickt/ydt ys nu all vorlarn/so doch dat
Crütze hefft nie gebarn / De dyner hülpe
vorwachten.

De viende sint all in dyner handt/dar=
tho all er gedancken/Er anslach ys dy wol
bekandt/ help men dat wy nicht wancken/
De vornufft wedder den louen vechtet/
vppet thokümpstige wil se truwen nicht/
Dar du süluen werst tröstn.

Den hemmel vnde ock de erden heffstu
Here Godt gegründet/ dyn licht lath vns
helle werden/dat herte vns werde entfen=
get/ In rechter leue des louen dyn/ beth
an dat ende bestendich syn/ De werlt lath
pümmer murren.

Ein Lauesang van Christo.
Elisabeth Crützigerin.

V b Here

Dat

Ere Christ de enige Gades Sön/
des Vaders in ewicheit / Vth sy=
nem herten entspraten / gelick wo
geschreuen steit / He ys de morgen sterne/
syne glentze streckt he verne / vor andern
sternen klar.

Vor vns ein minsche gebaren/im lesten
dele der tidt / Der moder vnuorlaren / ere
iungfrouwlike küscheit / den dodt vor vns
thobraken/den hemmel vpgeslaten/dat le=
uent wedder bracht.

Lath vns in dyner leue vnde kentenisse
nemen tho/Dat wy am louen bliuen / vn=
de denen im geiste so / Dat wy hyr mögen
smecken / dyne sötticheit im herten / vnde
dörsten stedes na dy.

Du schepper aller dinge / du Vederlike
krafft/

krafft / Regerest von ende tho ende / kreff=
tich vth egener macht / Dat herte vns tho
dy wende/vnde kere aff vnse synne / dat se
nicht erren van dy.

Erdöde vns dorch dyne güde / erwecke
vns dorch dyne gnade/Den olden minsch
krencke/dat de nye leeuen mach / Wol hyr
vp desser erde / den sinn vnde alle begerde/
vnde dancken hebben tho dy.

De xiiij. Psalm/Dirit insipiens in corde. Martinus Luther.

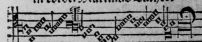

Er vnwysen mundt de sprickt wol/
den rechten Godt wy menen/Doch
ys er herte vnlouens vull / mit der
dadt se en vornenen/Er wesent ys vordor=
uen twar / vor Gade ys ydt ein gruwel
gar / Dar deit erer nemandt neen gudt.

Godt

Dat

Godt süluest vam hemmel sach heraff/
vp aller minschen kinder / Se tho schouwen
he sick begaff/ysst he yemandt worde vin=
den/De syn vorstandt gerichtet hedde/mit
ernst nach Gades wörden dede / vnde fra=
gede na synem willen.

Do was nemandt vp rechter ban/se we
ren all vth geschreden / Ein yder ginck na
synem wan / vnde heldt vorlaren seden/
Erer nentant dede doch neen gudt/wo wol
gantz veel bedröch de modth/ Er dont mo=
ste Gade gefallen.

Wo langewillen vnweten syn/de solcke
möye vpladen / Vnde freten dar vör dat
volck myn/vnde neeren sick mit synem scha
den/Er truwent steit gar nicht vp Godt / se
ropen em nicht in der nodt/ Se willen sick
süluest vorsorgen.

Darumme ys er herte nümmer stil / vn
steit alle tidt in früchten/Godt by den fra=
men

men bliuen wil/dem se mit louen horcken/
Gy duerst vorsmaden des armen radt/vn
hönent alles wat he sagt / dat Godt syn
trost ys worden.

We schal Israel dem armen / tho Zion
heil erlangen/Godt wert sick synes volckes
erbarmen/vnde lösen de geuangen / Dat
wert he don dorch synen sön/daruan wert
Jacob wunne han / vnde Israel sick frö=
wen.

Ein Lauesang vp dat Osterfest/ Martinus Luther.

Hesus Christus vnse Heilandt / de den
dodt auerwan/Ys vp erstanden/de sün
de hefft he gefangen/Kyrieleyson.

De ane sünde was gebaren / droch vor
vns Gades torn/Hefft vns vorsönet/Dat

Godt

Dat

Godt vns syne huldt gunnet/Kyrieleyson.
Dodt/sund/duuel/leuent vnde gnad/
alls in den henden he hat/He kan erreden
alle de tho em treden/Kyrieleyson.

De Hymnus/ Veni creator spiritus/Martinus Luther.

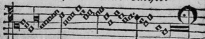

KVm Godt schepper hillige geist/be=
soke dat herte der minschen dyn/
Mit gnade se vulle wo du weist/
dat dyne schepnis vorhen syn.

Denn du bist der troster genant/des al=
berhogesten gaue dur/ Ein geistlick salue
an vns gewandt/ein leuent born/leue vn
de vur.

Sticke vns ein licht an im vorstande/giff
vns ynt herte der leue brunst/dat swack
flesch in vns dy bekandt/erholdt vast dyn
krafft vnde gunst.   **Du**

---

xxxii.   **Blad**

Du bist mit gauen souen valt/de vinger
an Gades rechter handt/des vaders wort/
giffstu gar balde/ mit tungen in alle
landt.

Des viendes list driff van vns vern/den
frede schaffe by vns dyne gnade/dat wy dy
nem liden volgen gern/vnde vormiden der
seelen schaden.

Leer vns den Vader kennen wol/ dar
tho Jhesum Christ synen Son/ dat wy
des louens werden vull beider geist wol
tho vorstan.

Gade dem Vader sy loff vnde dem Son/
de van den doden wedder vpstund/ Dem
troster sy dat sulue gedan in ewicheit tho
aller stundt.

Dat Dudesche Patrem/ Martinus Luther.

Wy

Dat

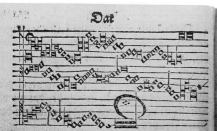

WY glouen all an einen Godt/schep=
per hemmels vnde der erden/de sick
thom Vader geuen hefft/dat wy syne kin=
der werde/He wil vns all tidt erneren/liff
vnde seel ock wol bewaren/allen vnfal wil
he weren/Nen leidt sol vns wedderfaren/
he sorget vor vns/Hodet vnde waket/ydt
steit alles in syner macht.

Wy louen ock an Jhesum Christ/synen
Son vnde vnsen Heren/de ewich by dem
Vader ys/geliker Godt van macht vnde
eeren/Van Marien der jungfrouwen/ys
ein

---

xxxiii.   **Blad**

ein ware minsche gebaren/ dorch den hilli=
gen geist im glouen/vor vns de wy weren
vorlaren/am Crutz gestoruen/ vnde vam
dode wedder vp erstanden ys dorch Godt.

Wy glouen an den hilligen geist/Godt
mit Vader vnde dem Sone/ de aller blo=
den ein Troster heth/vnde mit gauen zyret
schone/ De gantze Christenheit vp erden/
holdt in einem sinne gar euen/hyr alle sun
de vorgeuen werden/dat flesch schal ock
wedder leuen/Na dessem elende ys bereit
vns ein leuent in ewicheit.

Ein Lauesang Godt de Vader wane vns. Martinus Luther.

GOdt de Vader wane vns by/vn lat
vns nicht vorderuen/Mack vns al
ler sunde fry/ vnde help vns salich
steruen/Vor dem duuel vns bewar/holdt
vns by vastem glouen/vn vp dy lath vns
buwen/vth herten grundt vortruwen/ dy
E   **vns**

Dat

vns laten gantz vnde gar / mit allen rech-
ten Christen / entflegen des düuels listen/
mit wapen Gades vnde fristen / Amen/
Amen dat sy war / so singe wy Alleluia.

Ihesus Christus wane vns by / vn lath
vns nicht vorderuen.

Hillige geist de wane vns by / vnde lath
vns nicht vorderuen etc.

Ein ledt Doctoris Sperati / tho
bekennende den louen / vth dem Olden
vnde Nyen Testamente gegründet.

DE heil de ys vns kamen her / van
gnade vnde lutter güde / de wercke
de helpen ummermer / se können
nicht behöden / de loue süth Ihesum Chri-
stum an / de hefft genoch vor vns alle ge-
dan / he ys de midder worden.

Wat

xliif.   Blad

Wat Godt im gesette gebaden hadde/
do me ydt nicht konde holden / Vorhoff sick
torn vnde grote nodt vor Gade so man-
nichfolde / vam flesche wolde nicht heruth
de geist / vam gesette voruordert alder-
meist / Ydt was mit vns vorlaren.

Ock was eine valsche meninge darby/
Godt hedde syn gesette darumme geuen/
Alse dat wy konden süluen sry / na synem
willen leeuen / So ys ydt men ein spegel
zart / de vns deit kundt de sündigen art / in
vnsem flesche vorborgen.

Nicht mögelick was de süluige art / vth
egen krefften tho laten / Wowol ydt vaken
vorsocht wart / noch vormerde sick sünde
ane mate / Wente glysners werck he hoch
vordampt / vnde doch dem flesche der Sün-
de schandt / Alle tydt was angebaren.

Noch moste dat gesette vorfüllet syn / süs
were wy alle vordorue / Darumme schicke

E ij   de Godt

Dat

de Godt synen söne herin / de sülue ys min-
sche geworden / Dat gantze gesette hefft he
vorfült / darmede synes Vaders torn ge-
stilt / de auer vns ginck alle.

Vn dewile ydt nu verfüllet ys / dorch den
de ydt konde holden / So lere nu ein fra-
mer Christ / de rechten gestaldt des louen/
Nicht mer denn leue Here myn / dyn dodt
wert my dat leuent syn / Du hefst vor my
betalet.

Daran ick nenen twyuel drege / dyn wort
kan nicht bedregen / Nu sechstu dat nen
minsche vortzage / dat werstu nümmer le-
gen / Wol dar louet an my vnde wert ge-
dofft / dem süluen ys de hemmel gekofft/
dat he nicht werde vorlaren.

Rechtuerdich ys vor Gade allein / de des-
sen louen vatet / De loue gifft van sick vth
den schin / so he de wercke nicht latet / Mit
Gade de loue is wol daran / dem negesten
wert de leue gudt don / Bistu vth Gade ge-
baren.

De sün-

xxxv.   Blad

De sünde wert dorch dat gesette erkant/
vnde sleit dat geweten nedder / dat Euan-
gelion kumpt tho handt / vnde stercket den
sünder wedder / ydt sprickt / Krüp men thom
crütze hertho / im gesette ys wedder rast
noch rouwe / mit alle synen wercken.

De wercke de kamen gewisslick her / vth
einem rechten louen / Wenn dat nen recht
loue were / woldest en der wercke berouen/
Doch maket allene de loue gerecht / de wer-
cke de sint des negesten knecht / Darby wy
den louen mercken.

De höpeninge vorwachtet de rechten tide/
wat Gades wort thosagen / Wenn dat ge-
scheen schal tho frede / setter Godt nene
wisse dade / He weth wol went am besten
ys / vnde bruket an vns nen arge list / Des
scholle wy em vortruwen.

Efft ydt sick anlete alse wolde he nicht/
dat lath dy nicht vorschrecken / wte wor he

E iij   ys am

ys am besten mede / dar wil he ydt nicht
entdecken/Syn wort lath dy gewisser syn /
ynde esse dyn flesch spreke lutter neen / So
lath doch dy nicht gruwen.

Sy loff ynde eere mit hogem pryse/ym-
me desser gůdicheit willen / Godt dem Va-
der/Sône vñ dem hilligen geiste/ de wol-
de mit gnaden vorfüllen/wat he in vns an-
geuangen hefft/tho eeren syner Maiestet /
dat hillich werde syn name.

Syn rike thokame/syn wille vp erden ge-
schee / als in des hemmels throne / Dat
dachlike brodt noch hůde vns werde / vnde
wolde vns vnser schuldt vorschonen / Alse
wy ock vnsen schüldeners don / lath vns
nicht in vorsökinge stan / Löse vns vam
duel Amen.

Ein ledt / Doctoris Sperati/
Tho biddende vmme beterings/ vth dem worde Gades.

Hely

HElp Godt wo ys der minschen nodt
so groth/wol kan se alle vortellen/
gantz dodt/licht ane allen radt wy-
los/he kent ock nicht syn elende/herte mod
vnde sinn/ys gar darhen / vordoruen mit
allen krefften / weth nicht wor he schal an-
hechten/kent nicht dat gude / noch min he
doth / wat Gade gefelt / hefft sick gestelt /
wedder allen Gades willen / O HERE
Godt/help vns dessen iammer stillen.

Nene rast/vindt he vp erden so vast/he
socht/nene macht wil en doch redde/Syne
last/en alse der helle gast / vorstockt / Och
Godt/help em vth nöden / Wy ropen all/

E iiij   xth

vth desser qual/tho dy dem hôgesten gude/
du kanst vns gruen eaten modt/tho dyner
gnade/er her kumpt do dodt/de allent weg
nimpt / dat sick nicht mer tempt dyner gna-
den hülde erweruen / O Here Godt / lath
vns so nicht vorderuen.

Och wo was do dyn torn hyr / so grim-
mich/do dyn wort lach vorborgen/Nu idt
wedder gifft so fro/sinen stemmen/doch ne-
mandt wil darup sorgen/Me hört idt wol
de kercke ys vul/noch wil nemant afflaten/
de torn ys noch tho grote/Veel beter were
gehört nümmermer/deñ so me hört/vñ dar
nicht na deit / och ydt ys eine grwsame stra-
ffe / O Here God/make vns nie geschapen.

See an dorch tynen leuen Sôn/vp vns/
darinne dyn wolgefallen/de schon vor vns
hefft genoch gedan/vmmesůs/hefft ricklick
willen betalen / Dat wy gefriet van allem
leide / dyner gnade môchten geneten / syn
blôtt

blôtt schal vns begeten/lath dat iörnen na
richte nicht so drade / vorgitt der schuldt/
giff vns dyne hülde/Wy bekennen doch de
sünde/O Here Godt/nim vns an vor dy-
ne kinder.

Dewile du leffst in so korter yle / dyn
wort wedder gesent vp erden/vns hele/vp-
pet nye dorch des düuels pyn/vormordet/
giff dat wy framer werden / Ydt licht an
dy dat bekenne wy/mit vns ysset gar vor-
laren/wy stan in dynem torne / Nicht see
vns an/noch vnse dönt/erkenne dyn wort/
der gnaden hort / Darumme ydt ys min-
sche geworden/O Here God/vor vns lath
ydt syn gestoruen.

Fröwe dy / mit groter thouorsicht / syn
volck/he wert dy nicht vorsmaden / Allene
se / wo du nicht gar vornichten schalt den
schat den he hefft gegeuen/ydt ys syn wort
darup sta hart/ydt kan vns nicht entwyken
E v   syn

Dat

syne krafft ys also ryke / Weme he ydt be-
schert / dar wert ydt geniert / allene löue
daran / lath dat twiueln stan / Hape vp den
dede ys darbauen / O Here Godt van vns
sy dy ewich lauent.

Ein ledt Doctoris Sperati /
Tho bekennen den louen / vth dem Ol-
den vn nyen Testamente gegründet.

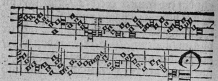

IN Godt löue ick / dat he hat vth nicht
geschapen hemmel vn erde / Nene nodt
mach my thouögen spott / he süth dat he
myn beschermer werde / Tho aller frist / al-
mechtich ys / syne gewaldt moth me beken-
nen / Leth sick einen vader nöme / trotz wol
my

my wat do / he ys myn rouwe / de Dodt /
Sünde vn Helle / neen vngeuall / wedder
dessen Godt kan bringen / O Here Godt /
van fröwden myn herte moth vpspringen.

Ock ys myn loue an Jhesum Christ / sy-
nen Sön / vam hilligen geiste entfangen /
Gerüstet / wedder alle sünde list / wolde he
stan / darumme ys he vthgegangen / Van
eddeler art / der junckfrouwen zart / Ma-
ria hefft gebaren / den Söne Gades vther-
karen / dat he ock myne / vnde einem ydern
dar / syne entfanginge vnde gebort makede
gesundt / scholde einen wech thom Vader
buwen / O Here Godt / weme wolde vor
dy yümmer gruwen.

Ock dat / he leith dardorch genot alle
werlt / am crütze ys willich gestoruen / nicht
bett möchte werde des dodes hath / affstel-
wente hir is gnade vorworuen / He wart ge-
lecht / im graue bedecket / dardorch alle sün-
de begra-

Dat

de begrauen / den nutt den scholde ick heb-
ben / socht nicht dat syne / sunder dat myne /
erkenne syne gunst / dat he vmme süs solcke
gnade hefft willen bewisen / O Here Godt
nu bin ick gewiss gantz dyn egen.

Thor helle neddergestegen snell / vor my
dat ick / dar nicht in vare / er hus thobrack
mit starcker vust / tho sick nam he der veder
schare / Sü tho de gewalt / der slangen kolt
hefft he mit gewalt vorstöret / darüme syn
blött vorstrouwet / Nen fruchte mer sy vns
alle by / de düuel kan nenen schaden don /
wente he ys ewich gefangen / O Here Godt
weme wolde na dyn cht vorlangen.

Wowol de dodt hadde en ein mal / vor
slingt / noch konde he en nicht holden / Ge-
walt vul / am drüdden dage nu schal / vor-
quickt in syner vorklarden gestalde / Ein kö-
ninck schön / in synem thron / im geiste syn
volck regeren / dat schal myn loue berö-
ren / Vn-

ren / Vn hangen daran / ane vnderlan / ydt
ys myn trost / myn heil ydt köst / Mit em
bin ick vpgestanden / O HERE Godt / be-
höde my vor dodes banden.

Vp voer / na warem Gades swör / van
hyr tho hemmel an des Vaders syden / Sit
thor rechtern handt in dem Chor / vorsta /
Ein Röninck tho ewigen tiden / he steit vor
my / dat sülue löue ick / vn schal nemant an-
ders söken / dat my nicht drepe dat slokent /
Wol dar socht radt in syner nodt / sunder
allene van Gade moth syn / Ewichlick in sy-
nem throne / O HERE Godt / weme du
nicht helpest / de ys vorlaren.

Van dar / alse ick nenen twiuel han / he
wert am jüngsten dage her kamen / Moth
stan / vor em mit synem donde / heruör / de
böse vn ock de frame / Dodt / leuendich / im
ogenblick / he wert vns alle richten / dar hel-
pet nicht vthrede dichten / Kamet her tho
my /

Dat

my erwelden gy / ghat with dort hen / den
ick viendt bin / So wert he ordel geuen / O
Here Godt / vorbarme dy auer dat wesen.

Louen moth ick in den hilligen geist / Ga
de dem Vader gelick vnde Söne / Wol
den / in sick wert hebben nicht / lidt spott /
wente des wert Godt nicht schonen / o hilli
ge geist vns gnade vorlen / erwecke / leide
vnde vorlüchte / dorch vñ Christo vüchte /
Make leeuendich im gemöte hillich dat wy
in dy mit des herten beger / Gades groten
namen eeren / O Here Godt / den louen
woldest in vns meren.

Dat schal me ock löuen wol / eine kercken
im geiste moth men se kennen / Godt holt /
der gnade ricklick vull / nicht früchte / dat se
de düuel trenne / Hillige gemene / welcke
hefft allene / vorgeuinge aller sünde / de fre
de ys Gades kindern / Ock löue vordan des
flesches vpstandt ein leeuent fry / dat ewich
sy / dort

xl. Bladt

sy dort in yenner werlt vull fröwde o Here
Godt / vorlene vns ock desse weide / Amen.
De Ander Psalm / Quare fre=
muerunt gentes / Johan. Agricola /
Na der wyse / Ein nye ledt wy he=
nen etc. Edder alse hir na volget.

Och Here Godt wo hebben sick wed
der dy so hart gesettet / Vorsam=
melt ock eindrechtlick / eren wre=
uel an dy gewettet / Heiden / Jöden / vñ ere
genaten / wowol se gruwlick dauen / vorge
ues ys gescheen dat / dyne gewalt ys hoch
darbauen / du bist vor en wol seker.

Vorredet / vorbunden gar törnichlick /
hebben

Dat

hebben sick de Röninge der erden / freute=
lick gelegert wedder dich / vñ den du hefft
gegeuen / Gesaluet mit dem geiste dyn / vp
den dyne wysheit rouwet / dem willen de
Tyrannen tho wedder syn / nach dem idt en
wol vöget / Vnde delgen van der erden.

Morde / sla dodt / sla dodt / schryen se /
scholde der lüde lere vns vangen / Woldet
Godt se weren gebaren nü / se möthen nü
alle hangen / Stricke / bande / leeuent / lere
vnde dadt / moth wech genamen werden /
Wat wedder vns gestreuet vat / schal nicht
mer leeuen vp erden / Dat könne wy nicht
liden.

Nu desser mörder stolten modt / kanstu
Here yo dulden / Du süst / lachest / bespot
test eren auermodt / straffest wat se hyr vor
schulden / Du sprickest em wort / so stat se
dodt / vñ weten nergen tho b.iuen / Dyne
grimmicheit drenget / vnde bringet se in
nodt

xlj. Bladt

nodt / dyn torn wert se thowriuen / So ge=
linget en er drouwent.

Du sprickest / dewile se nu liggen gar / so
wil ick einen Röninck erwelen / De ewich
lick vnde yümmerdar / vlitich waren schal
der seelen / tho Zion schal syne waninge
syn / mynen radt wert he erfaren / vp dem
leuesten orde myn / myn wort wert he be=
waren / Vnde myne tidt vorkündigen.

De Here sprack / höre wat ick dy segge / de
Röninck also luden schal / Du bist myn sön
dar an nicht twiuele / an dy drage ick ein
wolgeual / geteelt hebbe ick dy dorch den
geist / dyne herlicheit ys angebraken / Na
dem dode aldermeist / hüden ys dorch dy
gewraken / Der Jöden vñ Heiden wütent.

Bidde van my / so geue ick dy / de Heiden
dy thom erue / Dartho der gantzen werlt
gir / schencke ick dy gantz thom erue. Richte
se mit der ysern rode / dorch dat wort van
5 dyner

42

Dat

dyner gůde/thoknirsche se alse me den pöt-
ten deit/dat se leren kennen dyne rode/
Wo truwlick du se menest.

Ere kranckheit swar/vorswych erer nen/
mynen torn lath stedes vthschrien/Thobre-
ken moth/flesch/marg/vnde been/wor
myn wort schal wol dyen/Mynes mundes
swerdt steit fry darin/nicht ein stücke leth
ydt bliuen/Wat dar ȯuet Adams schyn/
böse lüste kant vordriuen/so vormert sick
mynes sȯns ryke.

De thouȯrn van iuw gecrütziget wart/
ys nu iuwe richter worden/Seeth tho
früchtet iuw gy Fȯrsten zart/he wil iuw
wedder morden/weset wyß vnde klȯck/
hebbet acht vp en/de gy regereren de er-
den/Iuwe gelücke gudt/eere ys gantz dar
hen/gy mȯthen vorneddert werden/Frůch-
tet iuw/vnde latet iuw wysen.

Geuet iuw iu des Rȯninges handt/swe-
ret tru-

rlij. Bladt

truwe vnde holdt tho werden/sůs werde
gy steruen altohandt/iuwes leuendes ys
nicht mer vp erden/Gy kȯnnen nicht liden
synen torn/wenn he vppet sachteste tȯrnet/
Salich ys vnde nye gebaren/dem so sȯte
wert gekȯrnet/Salich ys de em truwet.

De xlvj. Psalm/Deus noster re-
fugium et virtus etc. Mar. Luther.

EIne vaste borch ys vnse Godt/eine
gude were vn wapen/He helpet vns
fry vth aller nodt/de vns nu hefft be-
drapen/De olde böse viendt/mit ernst he
ydt nu meent/grote macht vnde veel list/
syne gruwsame růstinge ys/vp erden ys
nicht synes geliken.

Mit vnser macht ys nichtes gedan/wy
sint gantz balde vorlaren/Dar stridet den
vor vns de rechte man/den Godt hefft sůl-
uest ytherkaren/Fragstu wol he ys/He hett
Jhesus Christ/de Here Zebaoth/Vn dar

F ij   ys nen

43

Dat

ys nen ander Godt/dat velt moth he be-
holden.

Vnde wenn de werlt vull Důuel were/
vnde wolde vns gar vorslingen/so früchte
wy vns doch nicht tho seer/vns schal doch
likewol gelingen/de Fȯrste desser werldt/
wo gruwsam he sick stelt/deit he vns doch
nicht/dat maket he ys gericht/Ein wȯrde-
ken kan en vellen.

Dat wordt se schollen laten stan/vn ne-
nen danck darto hebben/He ys by vns wol
vp dem plan/mit synem geiste vnde gauen/
Nemen se dat liff/gudt/eere/kindt vn wiff
lath ydt varen hen/se hebbens nenen ge-
win/dat rike moth vns doch bliuen.

Nu volgen etlike geistlike leder/
van den olden gemaket.
Desse olden leder/de herna
volgen/hebbe wy ock mede vpgerapet/tho
einem

xlij. Bladt

einem tüchenisse etliker framen Christen de
vor vns gewest sint in der groten düster-
nisse der valschen lere/vp dat me yo seen
mȯge/dat dennoch alle tidt lüde gewesen
sint/de Christum recht erkant hebben/doch
gar wunderliken in der sůluen erkentenisse
dorch de gnade Gades erholden.

DE tidt ys nu gantz frȯwdenrick tho
laue Gades namen/Dat Christus
van dem hemmelrick/vp erden ys
gekamen/Ydt ys eine grote demȯdtcheit/
de Godt van hemmel by vns deit/ein kne-
cht ys he geworden/ane alle sünde vns ge-
lick/dardȯrch wy werden ewich rick/dregt
vnser sünde bȯrden.

Ein kindelin so lauelick/ys vns gebaren
hüden/van einer Junckfrouwen stuer-
lick/tho trost vns armen lüden/Were vns
dat kindelin nicht gebaren/so were wy al-
thomal vorlaren/de heil ys vnser alle/

F iij   Ey du

Dat

Ey du söte Jhesu Christ / dat du minsche
gebaren bist / behöde vns vor der helle.

Wol deme de dit löuen ys / mit des her=
ten gantzen vortruwen / dem wert de sa=
licheit gewiss / wol den de dar vp buwen /
Dat Christus vor vns hefft gedan / dar=
umme he ys vthgeghan / van Gade dem
ewigen Vader / O wunder auer wunder=
dadt / Christus drecht vnse missedadt / vnde
stillet vnsen hader.

Des danck em alle Christenheit / vor solcke
grote güde / vn bidden syne barmherticheit
dat he vns vordan behöde. Vör valscher le=
re vn bösem wan / dar wy eine lange tydt
ynne gestan / he wolde vns dat vorgeuen /
God Vader söne vn hilge geist / wy bidden
van dy aldermeist / lath vns im frede leue.

IN dulci iubilo / nu singet vn weset fro /
vnses herten wünne licht in presepio / vn
lüchtet als de sünne / matris in gremio /
alpha es et o / alpha es et o.　　O Jhe

Aliiif.　Bladt

O Jhesu paruule / na dy ys my so wee /
Tröste my myn gemöte / o puer optime /
dorch alle dyne güde / o princeps glorie /
trahe me post te / trahe me post te.

Vbi sunt gaudia / nergent mer wen dar
dar de Engel singen noua cantica / vnde de
schellen klingen in regis curia / Eya wer
wy dar / Eya were wy dar.

De Hymnus / Christe qui lux es et dies etc.

CHriste de du bist dach vnde licht / vor
dy ys vorborgen nicht / Du vederli=
ke lichte glantz / lere vns den wech
der warheit gantz.

Wy bidden dyne Gödtlike krafft / behö=
de vns Here in desser nacht / beware vns
Here vor allem leide / Godt Vader der
barmherticheit.

Vordriff des swaren slapes frist / dat
vns nicht schade des viendes list / Dat flesch
F iiij　　in tü

Dat

in tüchten reine sy / so syn wy wannigerley
sorge fry.

So vnse ogen slapen yn / lath vnse herte
waken dy / Bescherme vns Gades rechter
handt / vnde löse vns van der sünde bandt.

Beschermer Here der Christenheit / dy=
ne hülpe starck sy vns bereit / Help vns He=
re Godt vth aller nodt / dorch dyn hilligen
viff wunden rodt.

Gedencke Here der swaren tidt / dar=
mede dat liff geuangen licht / De seele de
du hefft vorlöst / der giff Here Jhesu dy=
nen trost.

Godt dem Vader sy loff eere vnde priss /
Dartho ock synem Söne wyss / des hilli=
gen Geistes güdicheit / van nu an beth in
ewicheit.

De Lauesang van der vpstan= dinge Christi.

　　Christ

xlv.　Bladt

CHrist ys erstanden van der marter
alle / des scholle wy alle fro syn / Chri=
rist wil vnse trost syn / Kyrioleys.

Wer he nicht erstanden / de werlt de wer
vorgangen / sint dat he erstanden ys / lauen
wy den Vader Jhesu Christ / Kyrioleys.

Alleluia / Alleluia / Alleluia / Des schol=
le wy alle fro syn / Christ schal vnse trost
syn / Kyrioleys.

Folgen etlike geistlike lede / vnde

Psalmen / de nicht van den tho Wittem=
berch / sunder anders wor / dorch fra=
me menner gemaket sint.

Ein vthermaten fyn Christlick

ledt / van Christo vnde dem Sünder /
Ach Jupiter heddestu gewalt.

O Godt Vader du hefft gewalt / an
ende gestelt / in hemmel vn vp erden
　　F v　　frey

46

kreit / Minschlick geslecht dat wart geuelt /
van dy gespalt / dorch vnhorsam im paradi
se / Dyne güde wart nicht van en gewandt
tho handt / sedestu en tho den trost / do du
sprekest / tho Eua / Adam dat sadt / der frou
wen iuw vorlöst / Och Here vornim / myne
klachliken stemme / straffe my ock nicht in
dynem grimme.

Dat herte in my ys hart vorsert / vnde
gantz beswert mit egener leue vnde flesches
lust / gemöte sinn vornufft ys gantz vor=
kert / dat marg vortert / Gades gesette dat
vorbaden ys / Nene lauinge ick hebbe / de
my entholde / erköldet ys dat geweten my /
vmme hülpe ick rope tho dy Christe / help er
ick vortwiuel schyr / dewile du bist dede her
kamen ys / tho erquicken van engesten swer.

Christus.

Sünder dyn wort erhör ick nicht / du deist
mit nicht / Gades willen dach vnde nacht /

Dyn

Dyn herte ys gantz in sünden vorplicht / by
böser frucht / einen vulen böm me kennen
mach / De werlt / geuelt dy mit erer lust
vmmesüs / so bistu nicht vth Gade / dyn le=
ue vn bedriff / ys flesch vorstan / dat son der
sünde ys de dodt / de gerechte seer / wert be
holden swer / wor wil erschynen de sünder.

De Sünder.

Enige Here ick hape dyne güde / ordel my
nicht / so strenge na der gerechticheit / Dewt
le du annemest vull aller sachtmödicheit /
du söne Dauid / salich tho maken vns sün
dige lüde / Sprekestu vn de gesunde nenes
arsten bedarff / wo scharp hülpestu am cru
tze dem scheker / ane dy / warlick neen vör
sprake ys / du bist / yo de enige middeler / du
Gades Lam / dat tho vns quam / vnde der
gantzen werlt sünde wech nam.

Christus.

Sünder dat herte ick beger / süs nichtes
mer /

47

mer / nene söte wort edder person / Wente
warlick yo nicht / ein yeder dede sprickt He
re / Here / Er mundt / alle stunde / my eeren
ys / doch er herte van my gantz wyth / Iu
das de was mit wörden gudt / syn modt vn
herte vull hates vnde nydt / Des ledt he
straffe vn vngemack / alse ock Simon dem
thouerer schach.   Sünder.

Yfft ick myn Here / dy wedder bidde vn
lath nicht aff / alse dat Cananeische wiff
dede / Dewile dyn herte ys vull sachtmö
dicheit / dar du hülpest mede Paulum / de dy
vorfolget hadde / Och Here bekere / myn
herte tho dy / kum schyr / in dy steit all myn
heil / Ane dy / kan ick nicht keren vmme / he
rt kum / ick werde dem dodt tho deele / In
der sünde nodt / leth Cain Godt / vnde Kö
ninck Saul de störuen dodt.

Christus

Sünder dy drucket der sünden last / vnde
heffst

---

heffst nene rast / ein russchende bladt dy ia
gen doth / Mit Gade du nicht tho rechten
hast / yfft he dy stöt / mit dem düuel in der
hellen gloth / de wech vnde stech thor Helle
ys wyth / veel lüde ghan en / gantz vnge
telt / Ane tall / erer veel gescheet sint / am
ende / erer weinich sint vtherwelet / Wente
Godt sprickt / ick erbarme my / des ick my
erbarme ewichlick.

De Sünder.

Früntlike hort / Godt sprickt de Here / so
balde de sünder / süchtet / he syner sünde ni
cht dencken wille / Wente Godt wil nicht
den dodt swer / des sünders mer / sunder
dat he sick beker / vn leuen scholle / Su nu /
de söne / de vorlaren was / kumpt her be
kent syne missedadt / Su hyr ys de Eebre
kersche / driff wech ere viende / vnde se be
gnade / du sprekest kloppet an / iuw wert vp
gedan / vp dyn egen wort ick my vorlate.

Chrs

Dat
Christus.

Sünder /myne gnade were dy geneget/
wenn sick vorögede /ein gantz lou vp my-
ne wort /Myne gůdige gnade wörde dy er-
töget /denne wörde gestilt /dat geweten vñ
der seele mordt /Sünder noch leddich /dyn
lampen ys /dy entbrickt des louen ölie /Lô-
uestu my nu /dat ick dy kan gesunt maken
dyne armen seele /So mach ydt syn /Godt
wercket allene /dorch den louen dat herte
wert rein.   De Sünder.

Ach Here ick lőue vp dyn thosage /ys doch
ick klage /help mynem vnglouen swar /Ein
braken rőr nicht gar thosla /van dage tho
dage /my mynen swacken gelouen meere/
Here nu /wultu so werde ick heil /dewile
sůs nemant helpen kan /Here sprick in my
ein gnedich wort /wert vordt /myn krancke
seele gesunt /Erbarm dy myner /myn seele
lidt pyn /wert quelt van einem geist vnrein.
Christus

xlviii.   Blade
Christus.

O Christen /groth ys dynes louen krafft
vth gnaden sap /dy geschee na dynem louen
fry /Achte nicht wat minschen lere stedes
klapt /se ys lögenhafft /vull bedregen vnde
glysnerie /Keer vmme vnde kum /leue na
mynem worde /de leue vort vor all dinck
Gades gheit /vnde due de leue /des negestē
dyn /sy rein van sünde /gha hen im frede/
Vnde sündige nicht mer /sůs wert erger/
dyn leste wenn dat erste was.
Sünder.

Loff sy Gade in der hőge ewich /dat he
hefft my vorlőset vam ewigen dode /Myn
geist ys gantz willich /dat flesch ys seek /vñ
wedderstreuet dynem bade /Ick bidde nim
nicht dynen geist van my /sůs were dyn lich
te yock swer /O Christen alle tidt /im wor-
de besta /vormide gar alle minschen gesette
vñ lere /Here vñ Godt myn /dat wort dyn
schal myner vőte Lucerna syn.

Dat
Folget Marckgraff Casimi-
rus Ledt.

Capitan Here Godt Vader myn /dy-
ne gnade erschyn my dewile ick hyr
int leuende bin /Wente nu vp erden
grote erdome syn /ses gnedich darin /dat
my regere dyn wort vnde sinn /Entdecke
my Here den rechten grunde /de sunde ys
hyr der grőtesten nodt /vőr entholdt my
nicht dyn Gődtlike wőrt /de porte des lee-
uendes dorch den dodt /bistu allene myn
Here vnde Godt.
                SIck

xlix.   Blade
SIck nalet de tidt der Propheeye /Herē
make vns fry /des ouels hir an liff vñ seel/
Sta vns in vnsen nőden by /dyne gnade
vorlene /vorlőse vns Here van aller quale/
vorbarme dy vnser aller gemen /voreinige
vns Here dorch dynen Sőn /Dat wy recht
Christen syn /all myn beger ys frede vnde
soen /Help dat wy alle dynen willen doen.

MYr ys van nőden dat ick bidde /vor-
lath my nicht /du Schepper aller creatur/
och dele my hyr dyne wysheit mede /nicht
van my tridt /dorch Christum my myn her-
te anrőr /Vnde scheppe in my einen rechten
geist /du weist wat my van nőden ys /all
mynen hőpen hebbe ick tho dy /kum my tho
troste Here Jhesu Christ /Wente du alle-
ne de vorlőser bist.

MARCK /stede vnde all myne vnder-
dan /tck van dy han /behőde se alle vor val-
scher lere /Here Godt ytsundes ys vp der
                G   van/

50

Dat

hån/ein böse wån/entholt vns all in dy=
ner eere/dyn Gödtlike wort dat dele vns
mede/dat nicht de Düuel vns voruöre/
Dorch werltliken prål vnde minschen sün
de/entfenge in vns alle solcke beger/Dat
vnse loue sy recht tho dy.

GRAVEN/Heren/Ridder vñ knech
te/vnde alle er geslechte/beuele ick dy/myn
Here vnde God/mere vns den louen/tru=
we vñ recht/de nu gesweckt/Ick bidde dy
Here dorch dynen dodt/Vorlath vns nicht
in solcker angst/vorlange hefstu idt süluest
vorkündiget/dat valsche Propheten schol
den syn/im schyn/der schape doch wüluesch
erfunden/als vns de scrifft deit ergründe.

THO dyner barmherticheit groth/de dy
gantz bloth/vpt crütze hefft brachte vor vn
se sünde/Flege ick tho dy Here in dynem
schöth/my nicht vorlath/ick vormane dy an
dyn vorbundt/den du heffst gemaket vor
langer

l. Blade

langer tydt/dar schriet/tho dy mannich
trurich gemöte/erhöre vns Here in desser
stemmen/vnde nim vns allein dyne güde/
Vor valschem louen behöde.

BVVtmal im geweten sint segenant/
der werlt bekandt/dar vör S. Paul vns
warnen doth/Rechte lere dorch se is gantz
vorwont/mit groter schande/och Here er=
löse vns dorch dyn blöt/See heraff tho vns
vth dynem thron dat lön/der Sünde heff=
stu betalt/dorch Christum sint wy dy vor=
einet/dat menet S. Paulus mannichuolt/
in dyner gnade vns alle entholt.

DEN louen bidde wy Here van dy/er=
hör vns schir/er vns des dodes vall berört
In dyne vorbarminge hape wy in truwen
beger/och Here wy sint klechlick voruört/
Van dyner gnade in egen wercke/darum=
me stercke vns Here dat wy in dy/Hapen
vnde truwen hir vnde dort/dyn wort/ys

G ij war=

51

Dat

warheit sekerlick/Giff vns dat leeuent
ewichlick.

BORCH recht giff vns in dynem rike/
vnde make vns gelick/ock sta vns by beth
an den ende/dat vns de düuel nicht beslike
och Here nicht wyke/dyn gnedige gesichte
nicht van vns wende/Wenn de tidt kümpt
der lesten nod/de dodt vns gript mit grim
me an/So wes Here vnse were vñ schildt/
du wult van vns dat biddent han/Ick
bidde vor alle myne vnderdan.

Marckgraff Georgen ledt.

GEnad my Here ewige Godt/dat
my nen nodt/geue orsake/dat ick
van dy steg/Behöde my Here vor
valschem Radt/dat hemmelbrodt/der
seelen spyse my nicht enthee/Dyn wort giff
my tho aller stundt/dorch lerers mundt/
dat ick vornim/mynes HEren stem/my
darin geue/beth ick dy Here myn Geist vp=
geue.

OR=

li. Blade

ORdning tho maken giff my leer/dat
ock dyn eere/dem gemenen man hyr wert
bekant. Myn vnderdan Here tho dy keer/
dar mit sick mer/de Christlick schar/in my
nem landt. Behöd vns Here vor valscher
Sect de sick ytzt röget an mannigem endt/
dardorch wert geschendt/de Christlike lo=
ue/ach HERE dynes wordes vns nicht
beroue.

GIff my ock frede in desser tidt/dat ni
cht dorch stridt/werde bröderlike leue tho=
trent/An dy nu all myn woluart licht/vor
hath vnde nydt behöde my Here beth an
myn endt/Dartho vorlene my dynen sin/
du west ick bin/noch flesch vnde blödt/dat
sülnige döth na syner wyse/daruör ick bid
de mit gantzem vlite.

MARCKe Stede vnde landt/beuele
ick dy/vth truwer gir/de ick schal plege
hyr vp erden/truwe Rede vorordene my/

G iij daran

Dat

daran me fpôre/dat gerichte vnde recht vor
forget werde/nach rechter mathe vnde hil
licheit/mit folckem befchede/dat recht vnde
gelick/werde arm vnde rick/ gedelet mit/
des ick dy van herten bidde.

GRAVEN vñ de des Adels fynt/den
giff ock yn/dat fe vorftan den rechte grunt
Vnde alle tidt don den willen dyn/in rech=
tem fchyn/ dat giff en HERE tho rechter
ftundt/vp dat dyn name/dorch alle ftende
werde hoch genennet/ by jung vnde oldt/
in folcker geftaldt/ dorch alle dyne eere/
erholdt vns alle in dyuer lere.

THO dy van herten ick fchrie vñ bit/vor
lath my nicht / vñ leide my Here in dynem
wege/dele my vornufft vñ wyfheit mit/
nicht van my trit/ alle myner hendel fül=
ueft plege/dat my de viendt nicht auerwin=
ne/ mit liften gefwinde der he fick beflitti=
get/fynen torn bewifet/ vñ ys ergrimmet/
dyne

lij.   **Blad**

dyne thokumpft en fyne gewalt benimpt.
BRAND doch van lene dyn Gôdtlike
hert/dar du herwert/ gedachteft an vnfe
angft vñ nodt/wente dat was warlike nen
fchertz/dat du fmit merten/ willichliken vp
nemeft den bittern dod/ vp dat des vaders
torne vorginge/ dar dy vmmeuenck/ ves
dodes angft/dit vôrhen lange vorkûndiget
war/ deffüluigen frucht au my nicht fpar.

DENN wo ick Here dynen wech vor=
lôre/tho der rechten dôre/ fo ginge ick err/
in mynem tritt/ Dar fy my dyn bitter li=
den vôr/myn herte anrôre/den rechten lo=
uen dele my mit/Dat ick beharre beth au
myn ende/wenn fick tho trennet/ myn feel
vnde liff/ als denne vordriff/ den viende
van my/mynem leften ende beuele ick dy.

BORCH frede giff vns inn dynem
thron/nicht vor ein lon/allene vth guaden
erbarme dy myner/noch ein ick bidde inn
G iiij   deffen

Dat

deffen thon/Ach Here vorfchon/lath dy
trwlick beualen fyn/ myues broders See=
le nim gnedich an/du weft ick kan/em hel=
pen nicht allene ick bitt vmme gnade vnde
hûlde/vorgiff em HEre fyne fünde vnde
fchülde/Amen.

Ein nye geiftlick lede/der dorch=
luchtigen Grothmechtigften Fôrftinnen/
Frouwen Maria/tho Vngern vnde
Behmen Rôninginnen etc.

M Ach ick vnglück nicht wedder=
ftan/mocht vngnade han/ der
werlt/vmme myn recht lôuen/
So weth ick doch/Godt ys myn kunft/fyn
gnad vnde gunft/de moth me my erlôuen/
Godt ys nicht wyth/tho deffer tidt/ he fick
vorberget/eer dat he wôrgt/de my fynes
words berouen.

Richt als ick wil/ytzundt myn fake/nu
ick bin fwack/ vñ Godt my frucht lett vin=
den/So

liij.   **Blad**

So weth ick doch nen gewaldt blifft vaft/
allerbeft/ alle tidtlick moth vorfwinden/
dat ewig gudt/mackt rechten modt/darby
ick bliff/wage gudt vnde liff/Godt help
my auerwinnen.

Alles dinges eine wyle ein fprickwort ys/
Here Jhefu Chrift/du fülueft werft vor
my ftriden/ Vnde feen vp dat vngelück
myn/als were ydt dyn/fo ydt wedder my
wert riden/Moth ick denn daran/vp def=
fer ban/werlt wo du wilt/Godt ys myn
fchildt/He wert my wol beleiden.

Ein prys Gôdtlikes wordes/
Dorch Exempel der fchrifft/Gemeret vnde
gebetert dorch vele fyne Exempel vth der
Gôdtliken fchrifft. Men mach ydt ock
fingen in der wyfe/Ydt fprickt der
vnwyfen mundt wol.

F Rôwet iuw frôwet iuw inn deffee
tidt/gy werden Chriften alle/ wenn
G v   ytzund

54

Dat

yßundt in allen landen wyth / Gades wort
her dringet mit schalle / Ydt ys neen man
de ydt weren kan / dat hebbe gy wol vorna
men / denn Gades blifft ewich bestan den
bösen alse den framen.

Adam Adam du olde gryse / wo hefft ydt
dy ergangen / Na dynem vall im Paradi
se / hefffstu van Gade entfangen / Syn Göd
lick wort genamen an / vnde bist dardorch
erholden / denn Gades wordt blifft ewich
bestan / dem jungen alse dem olden.

Noe Noe du Gades man / Godt hefft
dy vtherkaren / Dat du syn wort hefft ge
namen an / hefft he tho dy gesvaren / Mit
water nicht vordrencke lan / wolde van sy
nem torne affwyken / denn Gades wordt
blifft ewich stan / dem armen alse dem riken

Abraham Abraham gaff guden be
scheidt / he gelöude Gade synem Heren /
dat wart em getelt thor gerechticheit / sy
nen

llllf.   Blådt

nen samen wolde he meren / Also hefft
Godt den allen gedan / de synem worde
vortruwen / denn Gades wordt blifft ewig
bestan / den de darup don buwen.

Loth Loth ein fram Godtfrüchtich man
Godt dede em twe Engel senden / Heth ein
vth Sodom theen don / vnde scholde sick
nicht vmwenden / also balde hoff Godt tho
regen an / mit swevel vnde mit vûre / denn
Gades wordt blifft ewich bestan / kumpt
vns allen tho stûre.

Dauid Dauid ein Röninck vn here / ein
man na Gades willen / Hefft angenamen
Gades lere / darumme syn wort vorfüllet
vth synem stam / Godt gelauet an / wolde
he gebaren werden / den Gades wort blifft
ewich bestan / im hemmel alse vp erden.

Jesus Christus Marien Sön / vam hil
ligen geiste entfangen / Wat alle Prophe
ten gespraken han / ys all vp en ergangen /
Dat

55

Dat

Dat hefft Godt alle dorch en gedan / vnde
sprickt den scholle gy hören / denn Gades
wort blifft ewich bestan / den scholle wy la
uen vnde ceren.

Nu hört nu hört / nu mercket mit vlite /
wat vns vörder beschriuen / im Testamente
vp nye wise / darinne se don vorliuen / Wat
vormals ys gesecht wart / van Christo vn
sem Heren / denn Gades wort blifft ewich
stan / vnde wert sick alletidt meren.

Mattheus Leui Euangelist / ein man
vam tollen beropen / De erste Cantzler wor
den ys / leret allene tho söken / Dessen Hei
landt de sülne sprickt kamet gy bedröueden
alle / denn Gades wort blifft ewich bestan /
mit pracht vnde grotem schalle.

Marcus Marcus de ander ys / de ock
ricklick vthbredet / Mirakel groth van des
sem Christ / Darmede he hefft geledet /
Thom louen bracht hat he allene / gerecht
vnde

lv.   Blådt

vnde fram döth maken / denn Gades wort
blifft ewig stan / se wenen edder lachen.

Lucas / Lucas in de ordening trit /
groth wunderdadt vns tekent / Tho schry
uen vth ys he de drüdde / wo hoch vns God
geneget / dat he vns schicket vam hemmel
heraff / synen Söne fründtlick leth locken /
denn Gades wordt blifft ewich stan / wol
dat nicht gelöuet moth bucken.

Johannes Johannes de jüngeling schon
ys ock de veerde worden / Dat wort he vö
ret im geliken don / leret vns den Christen
orden / mit gelouen vn leue bewiset recht /
vnde süs anders nicht söken / denn Gades
wort blifft ewich stan / helpet wedder scha
ren noch puchen.

Saulus Paulus ein erwelet vat / ys erst
de rechte kerne / De vns erröget den nide vn
hath / daruan so törnich werden / De werlt
vn groth hoffgesinde de also dauen vn wö
ten /

ken / denn Gades wort blifft ewich bestan /
vor den wert he ydt behoden.

O Paul O Paul wat richtestu an / mit
dynem duren schriuen / Minschlike vor=
nufft hoch vechtest an / wult ere wercke vor
priuen / allene den gelouen richten vp / de
schal ydt all vthrichten / denn Gades wort
blifft ewich bestan / wowol se ydt vorachte.

Petrus Judas vnde Jacobus / volgen
ock desser lere / Dat se vns leren ruwe vn=
de bote / dorch Christum vnsen Heren / vp
den se alle vns wysen don / an en wert ni=
cht geholpen / den Gades wort blifft ewich
bestan / vor Louwen / Beren vn Wuluen.

Ach minsche ach minsche nu schicke dy da=
ryn / lath dynen dunckel varen / Vnde gelo
ue der schrifft vn worden syn / darmede du
mogest bewaren / dyn geweten vn ock all
dyn don / truwelick darup vorlaten / denn
Gades wort blifft ewich bestan / teket vns
vn

an den wech vnde straten.

O Jhesu Christ du Gades Son / lath
vns nicht van dy wyken / dat vns nicht wer
de ein bose lohn / so minschen lere her stri=
ken / mit schoner gestalt edder wotiger ge=
walt / tho vordelgen synen namen / denn
Gades wort blifft ewich bestan / van nu vn
ewicheit / Amen.

Lauet Godt / lauet Godt in ewicheit /
gy Christen all gemene / dat he syn worde
hefft vthgebredet / dat ys syn werck allene /
nenes minschen wan nicht helpen kan / wo
hoch he sy mit namen / denn Gades wordt
blifft ewich bestan / nu singe wy frolick /
Amen.

Ein schon geistlick ledt / van der krafft des Godtliken wordes.

O Here

O HERE Godt / dyn Godtlike wort
ys lange vordunckelt bleuen / beth
dat dorch dyne gnade vns ys ge=
secht / wat Paulus hefft geschreuen / Vnde
andere Apostel mer / vth dynem Godtliken
munde / Des dancken wy dy mit hogem
vlite dat wy afflecet hebben de sunde.

Dat ydt mit macht an den dach ys bra=
cht / alse klarlick ys vor ogen / Och Godt
myn Here vorbarme dy der / de dyner nu
vorloschen / Vnde achten mer vp minschen
lere / weñ dyne Godtlike bade / Giff en vor
standt / dat sodane tandt / nicht helpe vth
pennigen noden.

Wultu nu syn / ein gudt Christen syn / so
mostu ernstlick louen / Sette dyne truwe /
darup vast buwe / hopening vnde leue im
glouen / Allene dorch Christ / tho aller frist /
dynen negesten leue dar beneuen / dat gewe=
ten fry / ein rein herte darby / wert nene
creatur dy geuen.
Alle=

Allene HERE du / magst solckes don /
gantz vth lutter gnaden / Wol sick des tro=
stet / de ys vorlost / vnde kan vns nemandt
schaden / Ysset rede wolde gelick / Pawest /
Keiser vnde ryck / se vnde dyn wordt vor=
driuen / Ys doch er macht yegen dy nichtes
geacht / se werdent wol laten bliuen.

Help HERE Godt in desser nodt / dat
sick de don bekeren / De nichtes betrachten
dyn wort vorachten / vnde willent ock nicht
leren / se spreken slecht / ydt sy nicht recht /
vnde hebbent nu gelesen / Ock nicht gehort
dat eddele wort / ysset nicht ein Duuelsch
wesen?

Ick loue gantz vnde gar / dat ydt sy war
wat Paulus vns deit schriuen / Eer moth
ydt geschehen / dat alle ding vorgha / dyn
Godtlike wordt schal bliuen / Inn ewich=
eit / were ydt ock leidt / veel harden vorsto=
ckeden herten / Keren se nicht wedder /
h wo

wo wert am ende de düuel mit en scherten.

Godt ys myn Here so bin ick de/den ster
ten kumpt tho gude/Dar dorch vns hast/
vth aller last/vorlöset mit dynem blode/
des dancke ick dy/darüme werstu my/na
dyner thosage geuen/wat ick dy bidde/vor
sechstu my nicht am dode vnde am leuen.

Here ick hape yo dat du werst de in neuer
nodt vorlaten/De dyn wort recht alse tru
we knechte/im herten vnde louen vaten/
Giffst en bereit de salicheit/vnde lest se ni
cht vorderuen/o HEre dorch dy bidde ick
lath my/frölick vnde willich steruen.

De li. Psalm/ Miserere mei de
us etc. Wo me singet tho Brunswick.

Ohere Godt begnade my/na dyner
güde erbarme dy/delch all myn
anertreding/na dyner groten er
barming/vñ wasche my o Here Godt van
alle myner missedadt/vñ make my rein va
sünden

---

sünden/de ick in my beuinde/Vnde myne
sünde ys stedes vor my/ick hebbe allein ge
sündiget an dy/Vor dy hebbe ick öuel ge
dan/in dynen wörden werstu bestan/So
man dy rede richtet.

Sü in vndöget bin ick gemackt/als my
myn moder hefft gebrache/in sünden bin
ick entfangen/veel sünde hebbe ick begange
tho der warheit heffstu auer lust/vnde ge
nest my ock dat ick wüst/De wysheit dyn
ane sorge/dede hemelick ys vorborgen/Be
spreng my HERE mit Isop schon/dat ick
werde rein vnde wasche my nu/Sne with
ock fröwde lath hören my/dat de gebeente
werden frölick/de du so heffst geslagen.

Sü nicht vp myne sundtlick stadt/delch
alle myne missedadt/HEre wultu my er
schaffen/ein rein herte do ick hape/Ein re
ten geist/vornye in my/vorwerp my ock
nicht/gar van dy/Nim nicht den hilligen

H ii   geist

---

geist van my/syne gnade my leide/Vnde
lath my wedder kamen her/den trost dy
nes heils/O Godt myn Here/de frye geist
entholde my/de Godtlosen wil leren ick/
ere wege tho dy keren.

Van blötischüldigen my erredde/O God
du mynes heils ein Godt/Dat myne tun
ge möge erschallen/dyne gerechticheit auer
allen/Here do my vp de lippen myn/Myn
mundt vorkündiget dat loff dyn/Thom
offer heffstu nene lust/ick geue dy ock süs/
Brandtoffer ock gelick allesampt/geuallen
dy nicht/sint men ein tandt/Vor dynen
ogen men ein hath/De offer Gades syn
auer dat/ein gar thobraken geist.

Ein thobraken vñ thoslagen hert/wer
stu nicht werpen hinderwert/vñ werst yde
nicht vorachten/dat kan ick wol betrachte/
O HERE Godt do wol Zion/na dynem
guden willen schon/Jerusalem de müre

                    werden

---

werden wedder erbuwen/deñ werstu heb
ben lust vnde fröwde/thom offer der ge
rechticheit/Tho den brandtoffern dynet
modt/So wert men denn de keluer gudt/
vp dynen altar leggen.

De xxxvij. Psalm/ Super flu
mina Babilonis.

AM water flete Babilon/dar sete
wy mit smerten/Als wy gedachten
an Zion/do weenden wy van her
ten/Wy hangeden vp mit swarem modt/
de örgeln vnde de harpen gudt/an erem
böm der wyden/de dar yn stat in erem
lande/do moste wy veel smach vñ schan
de/dachlik van en liden.

De vns gefangen helden lang/so hart
in süluen orde/Begerden van vns einen
sang/mit gar spötliken worden/Vñ sochte
in der truricheit ein frölick gesang in vn
sem leidt/Ach leuer döth vns singen/ein

H iii   loffge

loffgesang / ein ledtlin schon / van den ge-
dichten vth Sion / dat frölick dit erklingen

Wo scholde wy mit solckem dwang / vñ
elende ytz vorhanden / dem Heren singen
synen sang / so gantz in frömden landen /
Jerusalem vorgete ik dyn / so wolde Godt
de gerechte myn vorgeten in mynem leu-
en / Wenn ick nicht dyn bliue yngedenck /
myn tunge sick bauen anne hengt / vnde
blifft am gagel kleuen.

Ja wenn ick nicht mit gantzem vlith /
Jerusalem dy eere / Ym anfang myner
fröwden prys / van nu an vnde rümmer
mere / gedencke der kinder Edom seere am
dage Jerusalem O Here / de in erer bös-
heit spreken / Ryth aff ryth aff tho aller
stundt / vordelge se gar beth vp den grund /
den boddem wille wy br ken.

Du snöde dochter Babilon / thobraken
vñ vorstöret / Wol deme de dy wert geuen
dat

dat lohn / vnde dy dat wedder keret / dyn
auermods vnde schalckheit groth / vñ meth
dy ock mit solcker math / als du vns hefft
gemeten / Wol deme de dyne kinder klein /
vatet vnde sleit se an den stein / darmit dy-
ner wert vorgeten.

De cxix. Psalm / Beati imma-
culati / etc.

IDt sint ock salich alle de / in rechtem lo-
uen wandern hyr / im gesette Gade des
HEREN So sint ock salich allesampt
de syn tüchnis vor ogen han / van herten
en begeren / Welcker öueldeders sint / de
wandern nicht alse Gades kindt / vp syne
wege nicht holden / Och HERE Gode van
hemmelrick / du hefft gebaden vlitich y-
dyne bodt tho holden.

O Godt dat alle dat leuent myn / ge-
richtet wert na gefallen dyn / tho holden dy-
ne rechte / Den wert ydr nicht tho schanden
H iiij   ghan /

ghan / wenn ick gantz vlitich see an dyne ge-
bodt all slechte / so dancke ick dy mit herti-
cheit / de gericht dyner gerechticheit / de du
my lerest mit mathen / Denn dyne recht ick
holden wil / mit dyner gnade du tho my
yl / do my nicht gar vorlaten.

Wo betert nu ein Jüngelinck tzart / syn
wech den so he sick bewart / na dynen wör-
den alle / hebbe dy van gantzem herten
myn gesöcht / O Here nicht lath my hyn /
van dyn gebade vallen / So hebbe ick doch
de rede dyn / vorborgen in myn herte hen-
yn / dat ick vor dy nicht sünde / gebenediet
du Here Godt lere my dorch dyne güde vñ
gnad / dat ick dyn rechte vinde.

Nu hebbe ick mit den lippen myn / all ge-
richt des mundes dyn bekennet vñ ertellet /
Ym wege dyner tücheniss / O HEre mit
lust tho wanderen hebbe ick mer / denn alle
rikedom erwelet / In dynem beuel redt ick
allein /

allein / denn minschen gesatz syn gar ni-
cht rein / Ick sta vp dynen baden / na dynen
rechten lüst my vel / ick den dyner nicht vor-
geten wil / vorlene my Here dyne gnade.

De xxiij. Psalm / Dominus re-
git me etc.

WAt kan vns kamen an vor nodt / so
vns de Here weidet / Vñ spiset vns
mit hemmelbrodt / vñ vp de weide leidet /
Darto vorquicket vnse nodt / vnd kölet mit
dem water söth / syns werde hillig geistes

Vmme dynes namen willen / vns he vö
ret vp rechter strate / lett in neuer tidt trost
los / in schaden ock in bathe / Darumme
wy stede mödich syn / ock in des dodes schem
vñ pyn / wente du bist mit vns HERE.

De stock vnde staff vnses Pastors / vns
trösten vnde straffen / Dat Crütze dempt
des flesches lust / dat ydt nicht schaden
H v   schaffet

62

Dat

schaffet / Dem geiste dorch de sünde gifft /
de in dem streffliken liue ys / vnde deit sick
stedes rögen.

Du heffst vns bereit einen disch / den wy
stedes anschouwen / Dynes hilligen wor-
des werde spyse / de wy im herten kouwen /
Wenn vns des viendes list angript / de sül-
ue denn vnse seele erquickt / sampt dynes
geistes vülle.

Dyne güde vnde barmhertichheit darum
me vns HERE volge / van nu an beth in
ewicheit / du bist vnse vorsorger / Dat wy
hyr dorch den louen syn / dartho apenbar
im sale dyn / börger vnde husgenaten.

Des help vns de Here Ihesu Christ / de
vnse herten buwet / Dorch rechten louen
vñ leue vp sick / dat wy den Vader schou-
wen / dorch en sampt den hilligen geist /
welcken de wunsch tho herten gheit / spreke
Demödich / Amen.

De

---

lxij. **Blade**

De xxiij. Psalm / Ad te Domi-
ne leuaui etc.

V An allen minschen affgewandt / tho
dy myne seele erhauen / hebbe ick
allene O Here myn Godt / lath my
nicht werden bewagen / all myn vortru-
went steit vp dy / lath nicht tho schande wer-
den my / dat sick myne viende nicht fröwen

Ydt wert nemandt beschamet stan / van
den de vp dy buwen / In dyner handt se
seker ghan / de koep wert em nicht ruwen /
Vorschamet möten alle de syn / de lede
an don den arme dyn / an recht vñ alle sake.

Wyss dyne wege o Here my / tho dy den
stich my lere / In dyner warheit leide my /
wente du bist Godt vñ Here / myn heil vñ
trost myn hülpe vnde radt darup ick my al-
le tidt vorlath / vñ stedes puche vnde trotze.

Lath dy myn HEre tho herten ghan /
vnde wil daran gedencken / Wo all de dyne
mit

63

Dat

mit dy stan / den du dyne gnade schenckest /
Van ewicheit en vthuorseen / bewaret yn
dem rade dyn / dorch welck se salich werden.

Myner yögent vnwetenheit / vnde alle
myner schülde / Wil Here Godt yo geden-
cken nicht / sunder na dyner hülde / Myner
erbarmen wil yo dy / van allen sünden frye
my / vmme dyner güde willen.

De Here ys söte vnde vpgericht / all den
de an en hangen / Wenn se all in dem we-
ge feilen / wert he se doch entfangen / vnde
leren er herte syn / na synem wolgeualle.

Alle wege des Heren sint warheit / güde
vñ blote gnade / Syne gelöffte holt he tru-
welick / vñ gifft se denn gar drade / de fra-
get na dem worde syn / vñ löuet wat he la-
uet darin / alse vns de schrifft affmalet.

Danne dynes namen willen / O Here
gnade myner sünde / ick früchte my er ys
gar vel / vñ wassen alle stunde / Darumme
my

---

lxiij. **Blade**

my dyn gesette lere / dat ick den wech mach
vtherwelen / de dy ys wolgeuellich.

Des minschen seele de Godt früchtet /
wert syne güder eruen / All de im gelouen
em volgen na / de werden nicht vorderuen /
De HERE ys er vorborgen schildt / syn
Testament he en öpen wil / vnde synen geist
en geuen.

Myn ogen stedes sint tho dy / O Here
Godt gerichtet / Dat du helpest vth den
nette my / darin ick bin vorstricket / Erbar-
me dy myner vñ see my an / wente arm bin
ick / van iderman / sta ick ock gantz vorlaten

Mynes herten weh ys mannigerleye /
vth myner nodt my redde / Schouwe an /
wo ick vornichtet bin / van arbeide gantz
ligge nedder / Darumme giff tho de sünde
myn / see an wo veel der viende syn / de my
ane sake vorvolgen.

Beschütte myne seele vnde redde my / dat
ick

Dat

ick nicht werde beschemet/Myn hapen stelt
allein vp dy / des frówen sick de framen/
So help nu God vth aller nodt/Israel dy
nem armen hupen/de dy allene anhanget.

Dat ledt/Marien tzart/vorandert / vnde Christliken gecorrigeret.

O Jesu tzart Gödliker art/van Godt
Vader gebark/Du hefft mit ma-
cht herwedder gebracht/dat lange
was vorlaren/dorch Adams vall/trost
wart dy all/van Godt Vader vorspraken/
vp dat nicht worde gewraken/Myne sün-
de vñ schuldt/vorwóruestu hülde/Wente
nen trost ys/wor du nicht en bist/barmher-
ticheit tho vorweruen/Wol dy nicht hat/
vñ dyne gnad/de moth ewichlick steruen.

O Christe milde/du hefft gestilt der ole
ueder vorlangent/De iare vnde dage/in
wee vñ klage/de venckenisse helt gefangen/
Dorch grote nodt/repen o Godt/thorith
des

lxxiiij.   **Blad**

des hemmels porten/do vp in allen órden/
Sende vns dyn kindt/dat van vns nimpt/
de swaren pyn/welck ys gescheen/O Chri-
se dorch dyn lident/Darumme dy holt/et-
nen Heren stolt/de werlt tho ewigen tiden.

O Jhesu rein/du bist allein/der sünder
trost vp erden/Darumme dy hat/de ewi-
ge radt/erwelet minsche tho werden/Vns
alle tho heil/an allen feil/thom jüngesten
dage werst richten/de dy lóuen mit nichte/
O werde frucht/alle myne thoflucht/heb-
be ick tho dy/wente du hefft my/vorwor-
uen ein ewig leuent/In dy hape ick/gantz
vastichlick/de du my gnade kanst geuen.

O Christe gudt/help du vth nodt/gne-
dich an allen enden/Wo gantz gúdtlick He-
re hefftu my wedder tho dy laten wenden/
Mit dynem worde/myn seele lidt mordt/
by den valschen Propheten/de my vorüóret
hedden/vp mannigerley/ere glysnerye/vp
wercke

Dat

wercke ick hapede/vnde meende vaken/dat
dorch my gnade tho vorweruen/vnde
vorleth dy/O Here richte nicht/myn vnwe-
ten vorderuent.

O Jhesu fyn/dyn wordt gifft schyn/vñ
lüchtet klar vnde wisse/Ydt helpet vth ryn
den armen dyn/dede suten in düsternisse/
Nene rouwe noch rast/hebben se vast/wol
in der minschen lere/in en dyn wordt vor-
mere/Help en daruan/vp de rechten ban/
vñ giff en trost/nach dem du vorlóst/hefft
de werlt all gemeine/Allein in dy/er hó-
pen sy/nicht in ere wercke vnreine.

O Christe werdt/so dyn wort kert/van
my vñ sick affscheidet/So kum tho my vñ
bescherme my/vp dat my nicht vorleide/
Der minschen lere/dede schynet seer/wol
kan er list erkennen/se let sick hülich nömen/
Vñ ys doch nicht/wenn minschen gedicht/
allene dyn wordt/dat ys de hört/vnde ys
dat

lxv.   **Blad**

dat leeuent wisse/Dat spise my/ick bidde
dy/tho ewichliker friste.

O Jhesu Christ/war Godt du bist/in
dy ys nen gebreken/Dar ys neen man/
dede mach vnde kan/dyn loff tho vull vth-
spreken/Dyne hógeste eere/sweuet ewich
mer/dy ys allent gegeuen/wat nüwerle
krech dat leeuent/Alle creatur/o Kóninck
pur/went dartho kumpt/dat myn mundt
vorstumpt/lifflick den dodt moth liden/
Denne help du my/dat ick tho dy/in dy-
nem worde móge vorscheiden.

Dat ledt/De frouwe van hemmel rope ick an/vorandert.

Christum van hemmel rope ick an/in
dessen groten nöden myn/Jm gef-
te ick my vorschüldet han/two liden
ewige helle pyn/Yegen dynem Vader/O
Christe kere synen torn van my/myne tho-
flucht ys allene tho dy/help wente ick vor-
twiuel schyr.   J   O He-

66

Dat

O Christe myn beschermer / du Söne Ga=
des vñ minsche tzart / Myn geist ys my be=
drövet seer / wenn sick röget myne sündige
art / ick sta in angst / wowol my langest /
hedde wol behört / tho söken Here hülpe by
dy / so hefft minschen lere vorwöret ny.

Darumme help nu Here Jhesu Christ /
make my rein dat geweten myn / Nach
dem du myn vorsöner bist / yegen Godt al=
lene dem Vader dyn / Wente ick drege
doch mynen höpen noch / vp dyne gnade dat
Crütze in gedult stedes vp my lade / vp dat
myn flesch dem geiste nicht schade.

O Christe du warer Heilandt tzart / mit
dynem geiste stercke my / Dat ick in dynem
worde besta / vnde darinne wander stedich=
lick / vnde my nicht kere / an minschen lere /
vnde glyssnerie / wo schön vnde syn / se
schinende sy / dat myn geweten dar vor bli=
ue fry.

De hil=

---

lxvf. **Bladt**

De hillige schrifft secht klar van dy / al=
lene dorch dy / vorlösinge sy / Dewile nu
neen werck kan helpen my / so steit all myn
höpen tho dy / Du enige trost / heffst my
vorlöst / van aller nodt / dorch dyn stervent
vnde bittern dodt / dy sy loff eere O HEre
Zebaoth.

Dat Vader vnse in ge= sanges wyse.

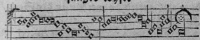

V Ader vnse de du bist in hemmel le=
ret vns Jesus Christ / Dyne kinder
sint wy all gemein / so wy löuen in
dy allein / Kyrioleis.

Gehilliget werde dyn Gödtlike name /
van frouwen vnde van yderman / Nein na
me ys süs mer vp erden / dorch welckeren
wy salich werden / Kyrioleis.

J ij Tho

67

Dat

Tho kame vns dyn ewige rike / vns all
thosamende gelick / vp dat wy lauen Va=
der dy / in vnsem erfflande ewichlick / Kyr.

Dyn wille geschee alletidt gelick im hem=
mel vnde vp erdrick / Wente vnse wille de
ys nicht gudt / ydt ys alle sündtlick wat he
döth / Kyrioleison.

Dachlick brodt giff vns hüden / spise mit
dynem worde de lüde / dat wy in vnsen nö=
den snell / getröstet werden an der Seele /
Kyrioleyson.

Here vorgiff vns vnse schuldt / wercke in
vns Gödtlick gedult / Dat wy vorgeuen
vnde nalaen / wat vns de negeste hefft lei=
des gedan / Kyrioleyson.

Jn anfechtinge vns nicht vöre / Och
Godt dat ys vnse bede / vorlene vns dyne
barmherticheit / dat wy besitten ewige
fröwde / Kyrioleyson.

Löss vns leue Vader all / vam öuel im
kam=

---

lxvif. **Bladt**

tamerdal / dat vns nichtes schade vp desser
erde / vp dat de seele vorlöset werde / Kyri.

So de seele wil scheden sick / van dem ly=
ue gantz ernstlick / Einen vasten louen vor=
lene vns / mit dyner gnade nicht wike van
vns / Kyrioleyson.

Dat Vader vnse (alse Christus Matthei am vj. leret) in sanges wyse vorvatet.

V Ader vnse wy bidden dy / wo vns
hefft gelert Here Jhesu Christ / Er
hör dyn kinder gnediclick / den du
vorwar barmhertich bist / Jn hemmels
thron bistu an wan / als vns dyn wort er=
leren döth / doch stedes dyne macht / by dage
vñ nacht / vns hyr vp erdt beholdt in hodt.

Gehilliget wert dyn name so groth / de
vns allein thom hemmel helpt / He is mech
tich / syn gewaldt an math / erhör dyn ge=
mein de tho dy gelpt / Dat en all gelick tho

J iij kame

dyn rick/in dem allein se herschen sint/dyn
will vp erdt / vnde hemmel wert/darmit
mack vns dyn gehorsam kindt.

Vorleen vns hüd dat dachlike brodt/tho
seele vñ liff dat bidde wy / Vorgiff vns ock
de schuldt / giff radt / dat wy van gantzes
herten beger/vorgeuen swindt / des bro-
ders sünde / In de vorsöking vör vns ni-
cht / Nicht giff dem viende o Godt dyn
kindt/sunder mack vns vam euel quid.

Noch ein ander Vader vnse/
als me singet tho dem Sunde.

A Ch Vader vn,e de du bist im hem-
melrike/ hoch auer vns darumme
in

im geist wilt anzebedet werden/ Dyn hil-
lige name wert vthgebredet geweldichlick/
geeret in vns vnde auerall/ im hemmel vñ
vp erden / Dat rike der gnaden kame tho
tho/vnde do in vns bekliuen/ vnde wat dy
nicht behechlick ys/ in vns dat wilst vthdri-
uen/ vp dat wy mögen ewichlick in dynem
rike bliuen.

Ock billick HERE so bidde wy/dat dyn
wille geschee/vp erden hyr in aller mathe/
so in dem hemmelryke,darhen deñ nemant
kamen kan vnde mach bestan / denn de al-
lene den willen syn/ mit dynem deit vorli-
ken/vnde giff vns vnse dachlike brodt/der
seelen ere spyse/ick mene dyn hillige Göt-
like wort/dat wy dat hören mit vlite/dar-
mit du vns tho der salicheit den rechten
wech wilt wysen.

Ock vnse schuldt vnde missedadt HE-
re vns vorlath / vnde dat wy dy vortör-
J iiij net han/

net han /dat wilt vns nicht tometen/ Deñ
wy ock vnsen schüldenern dön in solcker
mathe/wormit se vns vortörnet han/ dat
wille wy gantz vorgeten/ in kein vorsökin-
ge vns ynföre/darinne wy möchten vorder-
uen / vor solckem euel vns beware / darin
de seele möchte steruen/vnde make vns al-
lesampt gelick in dynem rike tho eruen.

Ein ledt van dem wege vnser
salicheit.

I N Jhesus namen heue wy an/dat be-
ste dat wy geleret han/van Gades wor-
de tho singen/ hört tho gy frouwen vñ
gy man/wo me de salicheit schal gewinnen
De gloue

De gloue deit solckes aldermeist / dar-
inne wert geuen de hillige geist / wol Ga-
des wörden löuet / alse in der Apostel ge-
schicht geschreuen steit / vnde dar Sünte
Peter am Teinden tüget.

Johannis am drüdden ys ock vermelt/
also hefft Godt geleuet de werlt / synen sön
hefft he er geuen/wol gelöuen deit an Jhe-
sum Christ/de erlanget dat ewige seuent.

Thon Römern am drüdden höret mer/
nemant wert salich dorch de olden Ee / de
Sünde wert allene dar dorch erkant/de lo-
ue vöret vns thom Vaderlandt / als vns
Sünte Pawel hefft vaken bekandt.

Der gerechticheit Gades dorch Jhesum
Christ / wol an sick süluest vorzaget ys/
deit sick allene der trösten/dem sint bede-
cket de sünde syn / dorch Jhesum Christ
dat Lemlin.

He starff vor vnse missedadt / dat heil
J v he vns

Dat

he vns vorworten hat / wo he nicht were
gebaren / so were wy althomal vorlaren/
Godt hefft ydt so vtherkaren.

Abraham gaff Gade grote eere / ia do
he lüuede syner lere / Thon Römiern am
veerden vnderschede / Godt hefft ydt em
süluen thogesecht / dat wart em gerekent
thor gerechticheit.

Gades werck de loue ys / alse me dat in
Johanne list / wol in dem sösten vnderschei
de / Godt hefft ydt vns alle tho gesagt / den
teelde Maria de reine maget.

So nu de loue by dy ys recht / so bewisestu
dy als ein Gades knecht / dorch leue an dy
nen ngesten / Alse sick Godt dy bewiset
hefft / mit denste na allem vormögen.

Nu hört wat Godt dorch Mosen ge
bot / ys yemandt arm in syner stadt / so do
em vp de hende dyn / lath dy syne nodt dyn
egen syn / bewiss an em den louen dyn.

Wert

Wert yemandt schrien in den hemmel
tho ny / tho einer sünde schalt werden dy/
vam woker schaltu fryen dy / Godt wilt so
hebben sekerlick / alse denn de schrifft deit
warnen dick.

Matthei am vöfften alse me list / wo dy
vnde my gebaden ys / wil yemandt van dy
borgen / vorsegget em nicht tho yeniger
frist / yfft he vellichte dyn viendt ys.

Der armen ys dat hemmelrick / dat schol
le gy löuen alle gelick / vor afflath nen gelt
mer geuen / beschert dy wat de leue Godt/
de armen schollent van dy nemen.

Nu hört gy mans vnde yungen knaben/
Godt scholle wy stedes vor ogen hebben/
syn gebodt an den wenden / vnde schollen
se leren vnsen kindern / ock dregen in den
henden.

Du steist edder gheit auer veldt / alse
Godt dorch Mosen hefft vormelt / syne
leue

Dat

leue schaltu betrachten / de he dy bewyset
dorch Jhesum Christ / de van gesette deit
loss maken dy.

Noch ein dat ick dy seggen wil / Christi
ridder möthen liden veel / nodt / schande vn
spot in al der werlt / mit erem flesche sick leg
gen ynt velt / na deme idt Gade wolzeuelt.

Vortzage nicht werde ridder stolt / Godt
süluest dy in beschorminge holdt / wente he
dy auerwunnen hat / Dodt / Sünde / Helle
vnde alle nodt / eine krone he dy vorwor
ten hat.

Hir latet vns bliuen tho desser frist / vn
schrien all tho Jhesu Christ / de allene vnse
tröster ys / van allem öuel hat he vns vor
löst / hebbe loff vnde danck du söte trost.

Vn dele vns mede dat dachlike brod / Ick
mene allene dyn Gödtlike wort / de enigen
spise vnser seele / so schadet vns nicht yenich
vngeuel / vnde blifft allene Godt vnse heil.

Dat

Dat ledt / Rosina wo was dyne
gestaldt / Christliken vorandert / van
der erkentenisse Gades.

Christe wo was dyn gestalt / by Pa
west Siluesters leeuen / do Keiser
Constantinus gewaldt / em auer
Rom dede geuen / vorwar löue ick / hedde
de Pawest dy / dorch dat gnaden licht gese
en / he hedde warlick / dat erdesche rick /
dorch dyne eere don vorsmaden.

Hedde Gratianus dy erkendt / do he mit
vlite dede schriuen / Dat Pawestesche recht
Decret genant / Römische hanteringe tho
driuen / So hedde he dy / der gnaden tyr/
vor allen dingen gegeuen / darmede du
hast / dorch des geistes glantz / aller Chri
sten herten beseten.

Hedde Keiser Nero tho syner tidt / erken
net dy der gelike / He hedde nicht mordet so
veel lüde / gedrungen van dytho wike / Der
gesliken

grûliken nu veel / darumme ick nu wil / my
pennigem minschen vôrtruwen / allene
Here dyne erkenteniſſe rein / de schal my
ewich vorfrôwen.

Dat Ledt / Sünte Chriſtoffer
du veel hilliger man / Chriſt=
liken vorandert.

O Chriſte du ware Gades Sôn / dyn
loff wy ewich pryſen / Wol dynen
namen ropet an / dem werſtu hülpe
bewiſen / Wente du biſt de einige midde=
ler / yegen Godt dem Vader / Here / Dyn
bitter dodt / halp vns vth noth / daruôr ſy
dy ewich loff vnde eere.

Godt de Vader heſſt dy geuen gewaldt
in hemmel vñ vp erden / Sünde / dodt / Dü
uel heſſtu geuelt / de helle heſſſtu vorſtô=
ret / Des hebbe wy frede / ein ſekern thotre
de / tho Gade dem Vader Here / Dyn bit=
ter dodt / halp my vth nodt / Dauôr ſy dy
ewich loff vnde eere.   De

De vülle der gnade heſſtu ane mathe /
des ys de schrifft tüchenſſe geuen / Du biſt
dat leeuent / warheit vnde de ſtrate / tho
dem ewigen leeuen / Erschyndeſt doch ſlicht
gelick alſe ein knecht / vnde drôgeſt vnſe
Sünde swer / Dyn bitter dod halp vns vth
nodt / daruôr ſy dy ewich loff vnde eer.

Dat Ledt / Anna du anuencklick
biſt / Chriſtliken vorandert.

C Hriſte du anuencklick biſt / ein wortel
vnſer ſalicheit / vth dynem dode ge=
waſſen ys / ein ewich warende ſeker=
heit / tho dem Vader / yegen dem wy ſeer /
vns vorſündigen dachliken O ſône Dauid /
du vor vns tritt / vorſône vns mildichliken.

Chriſte du enige trôſter / aller bedrôue=
den herten / tho dy alle Chriſten ropen
ſeer / dat du vns helpeſt vth ſmerten der
viende

---

viende ſtridt / yegen vns vth nydt / alle da=
ge gantz liſtichliken / O Sône Dauid / du
vor vns tritt / help vns kempen ridderliken.

Chriſte du van Gôdtliken ſtam / van
Godt Vader gebaren / De tho vns her vp
erden quam / vp dat nicht wôrde vorlâren /
Wol in dy lôuet / des biſtu ein hôuet aller
Chriſtlôuigen / O ſôn Dauid / du vor vns
tritt / dy ſy loff ewichliken.

In des hilligen Chriſtes dage /
Grates nunc omnes / Vordüdeſchet.

D Anck ſegge wy alle Gade vnſem He
en Chriſto / de vns mit ſynem wor
de heſſt vorlüchtet vnde vns vorlô=
ſet heſſt mit ſynem blode / van des Düuels
gewalt / Den scholle wy alle mit ſynen En
geln lauen mit geſange / ſinget pryſs ſy Ga
de in der hôge.

De Ander Pſalm / Quare fre=
muerunt gentes / Gemaket dorch Andream
Knôpken

Knôpken tho Rige / Vp de wiſe / Och God
van hemmel ſee darin.

H Elp Godt wo gheit ydt yümmer
tho / dat all dat volck ſo grimmet /
Fôrſten vñ Kôninge all gemeen /
mit en ſint eines geſinnet / wedder tho ſtre=
uen dyner handt / vñ Chriſto den du heſſt
geſandt / Vns vnde allen thom heile.

Se willen vngeſtraffet ſyn / vnde leeuen
na erem ſinne / Vorwerpen dynes werdes
rat / vñ wat du lereſt darinne / Vnde ghan
na eres herten wan / ein yderman vp ſyner
ban / Trotz de ydt en scholde weren.

Du ôuerſt in dem hemmel hoch / O God
werſt ſe belachen / beſpotten eren beſten
radt / ere anſlege vorachten / Se reden all
in dynem torn / in dynem grimme ſe vor=
ſtôren / Vnde ſe gantz scharp antaſten.

De HERE heſſt thom Kôninge ge=
ſettet / Chriſium den gy vorklenen / Auer
A   Zion

74

Zion den hilligen berch/dat ys/auer syne
gemene/Dat se schal kundt don auer all/
Des Vaders sinn vnde wolgeuall/Vnde
predigen syne gesette.

He sprack tho em du bist myn Sön/hü=
de hebbe ick dy getelet/Van den doden er=
wecket schön/vnde in dy vtherwelet/Vor
eruen vnde vor kinder myn/dede lönen an
den namen dyn/dat se all dorch dy leeuen.

De Heiden schal ick schencken dy/myn
kindt tho einem eruen/Dat du mit dy=
nem worde in en des flesches lust vorder=
uest/Ein nye volck my richtest an/dat my=
nen name prisen kan/in all der werlt ende.

Darumme gy Röninge mercket an/vn
wult iuw leren laten/Dat gy nicht dörlick
gripen an/vnde handeln in desser sake/de
HERE moth gefrüchtet syn/vnde vp en
getruwet allein/Dar ys nen heil inn den
minschen.

Nemet

Nemet an de straffe willichlick/dat sick
nicht vortörne de Here/holder en vor ogen
stedichlick/vnde leeuet na syner lere/wenn
syn torn als ein vür vpgheit/wol ys dar/
de denn vor em wol seit? dat sint de vp en
truwen.

De ix. Psalm/ Confitebor tibi

Domine/Vp de wise/Vth deper nodt.

Ick wil dem HEREN seggen danck/
van mynem gantzen herten/Vnde wil
vortellen van anfang/dyne wunder ane
schertze/Ick wil my fröwen vnde fröltck
syn/vnde lauen Here den namen dyn/Du
bist de alderhögeste.

Myne viende heffstu tho rügge gedre=
nen/se sint tho rügge gefallen/Vnde sint
gantz snell vmmekamen/vor dynem ange=
sichte mit schalle/Myn recht vn sake heff=
stu vthgenört/vp dynem stoel/systu getzyrt/
du bist ein recht richter.

K ij De

75

De Heiden du geschulden heffst/vn vm=
mebracht de Godtlosen/Eren namen oek
vordelget heffst/ewich mit schaden laten/
De swerde des vyendes hebben ein ende/
ere stede heffstu vmme gewendet/Ere dech=
tenisse ys vmmekamen.

De Here öuerst blifft ewichlick/vn hefft
synen stoel beredet/Tho richten recht dat
erdtrick/vnde tho regeren/de lüde/wente
de HERE ys des armen beschütter/thor
tidt der angst deit he en gudt/Wenn se de
vyendt voruolget.

Darumme werden hapen vp dy/dede
kennen dynen namen/wente du vorlest ni=
cht ewich/de dy söken mit tranen/Lauet
den Heren tho Zion/vorkündiget den lü=
den all syn dönt/He fraget na erem blode.

Des armen schrien he nicht vorgitt/ock
sy my gnedich Here/Sü an myn elende/
wo ydt ys/manck den vienden so swere. De
du my

du my erhettest yth dem dode/dat ick vor=
telle dynen pryss myn Godt/Vnde my
vorfröwe dynes heils.

De Heiden sint vorsuncken in der kulen/
de se gemaket hadden/Er vöth ys in dem
nette gefangen/dat se vns gestelt hadden/
De HEre ys bekandt vnde schaffet recht/
de godtlose ys bestrickt slicht/Ym wercke
syner hende/Sela.

De godtlosen möthen yo thor helle/ge=
kert werden mit erem wesen/Godt wert
des armen vnfall nicht also gantz vorge=
ten/Des armen höpen vnde thouorsicht/
desülue wert nenerleye wise nicht/ewich=
lick syn vorlaren.

Sta vp Here/dat de minschen nicht auer
haudt nemen vp erden/Vp dat alle Heiden
vor gerichte/vor dy gerichtet werden/Vn
sette en einen lerer her/dat de Heiden erken
nen mer/Dat se sint minschen/Sela.

K iij De

Dat

De xj. Psalm/ In Domino con
fido/Vp de wyse/Nu fröwet iuw
leuen Christen gemein.

ICK truwe vp Godt den Heren myn/
wat segge gy tho myner seele? Se schol-
len flegen als ein vögelken/vp iuwe ber-
ge snelle/Wente su de Godtlosen alle-
sampt/hebben ere bagen all gespant/Leg-
gen ere pyle vp de senen.

Tho scheten im dunckern darmede/de
vprichtich syn van herten/De grundt heb-
ben se dorch vngůde/vmmegereten mit
smerten/Wat schal de rechtuerdige darto
don? De Here ys in synem Tempel schon/
syn stöl ys in dem hemmel?

Syne ogen seen darup/vnde syne ogen
lede/Prönen der minschen kinder löp/ock
mercket mit vaderschede/Den rechtuerdi-
gen Godt vnde Here/syn seele hatet den
godtlosen seer/Vnde dede wreuelick leuen.

Auer

---

lxxvj.   Bladt

Auer de Godtlosen wert he stricke/rör/
sweuel regen laten/Vnde winde des vn-
weders mer/schencket he en yn tho lone/
de HERE hefft leff de gerechticheit/dar-
umme dat er angesichte alle tydt hyr schou-
wet vp dat rechte.

De xiij. Psalm/Vsquequo Do-
mine/obliuisce. Vp de vörige wyse.

HERE wo lange wultu vorgeten
myner/in mynen grötesten nöden/
wo lange vorbergestu dat antlath
dyn/HERE wo lange schal ick söken radt
by myner gantz trurigen seele/wo lange
schal myn herte lyden quale/Vnde myn
viendt sick vorheuen.

Schouwe vnde erhöre my HERE vnde
Godt/vnde myne ogen vorlüchte/Dat ick
nicht entslape in den dodt/vnde sick myn
viendt vorröme/Dat he myner mechtich
worden sy/vnde sick myn weddersaker frö-

R iiij   we/

Dat

we/Dat ick vmmegestöth sy.

HERE ick hape öuerst vp dyne gůde/
dynes heils fröwet sick myn herte/dorch
Christum hefftu my behödt/vor ewichli-
ker smerte/De vor my ledt den bittern
dodt/des wil ick loff singen Godt/dat du
my hefft gehulpen.

De xv. Psalm/Domine quis ha-
bitabit. Vp de wise/Vth deper nodt.

HEre wol wert wanen in dyner hüt-
ten/vnde vp dynem hilligen berge?
Wol ane wandel hertrit/vnde deit
rechte wercke/vnde redet van herten de
warheit/vnde mit syner tungen alle tidt
synen negesten nicht achterredet.

Vnde synem negesten neen ledt deit/vn
vpbringet nene smaheit/wedder synen ne-
gesten alle tidt/vorachtet sint vor eme/All
de nicht dözen in der grundt/öuerst he ee-
ret alle stunde/de yennen/dede den Heren
frühten.

Vnde

---

lxxvij.   Bladt

Vnde de synem negesten sweret/vnde
datsülue nicht vorwandelt/De syn gelt
nicht mit woker meret vnde nimpt/ock ne-
ne geschencke/auer des vnschüldigen blött/
Wol desse ding van herten doth/de wert
ewich wol bliuen.

De xxvij. Psalm/Nisi Domi-
nus edificauerit domum/Vp de
wyse/Wol deme de in Gades
früchten gheit etc.

SO Godt thom huse nicht gifft syne
gunst/so arbeidet yderman vmmesüs
So Godt de stadt nicht süluest bewa-
cht/So ys vmmesüs der wechter macht.

Vorgeues ysset dat gy fro vp stan/dar-
tho mit hunger slapen ghan/Vnde ethen
iuw brodt mit vngemake/wente weme idt
Godt günt/dem gifft he ydt im slape.

Nu sint syne eruen vnse kinder/de vns
van em gegeuen sint/Gelick alse de pile in

R v   des

78

Dat

des starcken handt / so ys de yöget Gade
bekandt.

Deme schal vnde moth gescheen wol / de
desser hefft synen köker vull / Se werden
nicht tho schanden noch tho spott / vor erem
viende bewart se Godt.

Eere sy Godt dem Vader vnde dem Sö
ne / sampt dem hilligen geiste in einem
throne / welcker en ock so sy bereit / van nu
an beth in ewicheit.

De cxlvj. Psalm / Lauda anima
mea Dominum / Vp de wyse /
Vth deper nodt.

Ine seele laue den HEren rein /
ick wil lauen den Heren / Dewile
ick hebbe dat leeuent myn / Gade
singen tho eeren / vorlatet iuw vp de För
sten nicht / noch vp des minschen kindt / He
kan iuw doch nicht helpen.

Wente syn geist hefft nen bliuent hyr / he
moth

lxxviij. **Bladt**

moth wedder vthuaren / Vnde wedder ka
men tho der erde / syne anslege sint vorla=
ren / Wol deme des hülpe de Godt Jacob
ys / wol deme des höpen tho aller frist / sick
vp Godt synen Heren.

De hemmel / erde vnde dat meer / vnde
all wat darinne ys / gemaket hefft ane all
beswer / he ys bauen vp Seraphin / Vnde
holt / louen ewichlick / he schaffet recht gantz
wünderlick / Deme de hyr vnrecht lydet.

De ock den hungerigen gifft dat brodt /
de Here löset de gefangen / De Here ma=
ket seende ane spott / de blinden mit vor=
lange / De Here richtet vp / de dorch de vy=
ende / alrede neddergeslagen sint / De Here
leuet de gerechten.

De Here de fröndelinge bewart / vn be
schüttet de wesen / Heuet vp de wedewen /
vnde vmmekert / der Godlosen wech dede
erren / De Here is Königk ewichlick / God
tho

79

Dat

Zion waret dyn rike / van slechte tho slech=
te Alleluia.

De cxlix. Psalm / Cantate Do=
mino canticum nouum / vp de wise /
Vth deper nodt schrie etc.

Inget dem Heren eia nie ledt / in der
hilligen gemene / Israel fröwe sick sy
ner güde / des / de en maket reine / Frö
lick sint de kinder Zion / auer erem eddelen
Kuninge schon / Lauen synen name im reye.

Mit bungen vñ harpen spelen se / de He
re hefft ein wolgeual an synem volcke / ge=
zyret de elenden mit Heile all de hilligen
sint frölick in eere / eren hals Godt vorhö=
get seer / Swerde sint in eren henden.

Tho duen manck den Heiden wrake / stra=
ffe manck den völckern in den landen / Ere
Köninge mit keden tho binde ock / ere edelen
mit vöthbanden / dat se an en don dat ge=
richte / dar deñ ock van geschreuen ys / sol=
cken stuck hebben alle syne hilligen.

lxxix **Bladt**

De Hymnus / Jhesu nostra
redemptio etc.

Jhesu aller salicheit / tho dy alle vn
se beger steit / ein schepper aller din
ge mit vlite / wart minsche in der
lesten tidt.

Wol brachte doch dartho dyne hülde /
dat du so drögest vnse schülde / Vnde wol
dest so vor vns liden / vp dat wy den dodt
vormiden.

De Helle hefffstu dorch geghan / vnde
den gefangen by gestan / Ock gebracht in
dynes Vaders land / dar du nu sittest thor
rechtern handt.

Here dorch desse dyne grote woldadt /
hefffstu vordrücket alle quadt / Hyrumme
giff vns vorfröwent / vnde dat wy dy ewig
beschouwen.

De vam dode ys vpstan / de schal van
vns loff eere entfahen / de Vader ock de
hillige

Dat

hillige geist/nu vñ ewich aldermeist/Amē.

De Hymnus/Festum nunc celebre.

ITh fest vnde fröwde/vns alle dar tho bringen/Dat wy schollen Ga= de Lauesenge singen/Alse vnse He= re Christus ytherkaren/in den hemmel ys geuaren.

Mit den Engeln ys he thom hemmel ge= wiset/De hemmelsche schar hefft en gepry= set/Dat Chor aller Engel hefft lefflick ge= sungen/Gades loff tho allen stunden.

De bauen alle hemmel ys vorhauen/ hefft vns beladen mit velen gauen/He ys ock sachtmödich hyr van vns genamen/ Tho richten wert he wedder kamen.

O du werde schepper/all bidden wy/Dy= nen armen knechten sta mit hülpe by/Vp dat vns de Düuel nicht bösslick röpe/ock de Helle vns nicht vorsöpe.

Wenn

Wenn du wedder kumpst/in hogen wul= cken klar/all vnse werck werden dy apen= bar/Wy bidden nicht wille vns thor pyne geuen/sunder dat wy ewich mit dy leeuen.

Dith giff leue Vader/de du bist de be= ste/Mit Christo dem Söne vnde dem hil= ligen geiste/Godt du klare schinende hilli= ge Dreuoldicheit/Loff/danck sy dy in ewicheit/Amen.

De Hymnus/Conditor alme syderum.

GOdt hillige schepper aller stern/vor= glüchte vns de wy sint so vern/Tho erkennen dynen waren Christ/De vor vns minsche geworden ys

Wente ydt ginck dy tho herten seere/ Dat wy gefangen weren so sweer/Vnde scholden ewich des dodes syn/Darumme nimstu vp dy schulde vnde pyn.

Do sick de werlt thom auende wand/De brüde=

Dat

brüdegam Christus wart bekant/Vth sy= ner moder kemerlin/de Junckfrouwe bleff gart vnde rein.

Bewiset hefft he syne groten gewalt/dat ydt in all der werlt erklanck/Sick möte bö= gen alle kny/Im hemmel helle/vñ ock hir.

Allent wat dorch en geschapen ys/dem gifft he krafft/wesent vnde frist/na synes willen ordeninge twar/En tho erkennen openbar.

Wy bidden dy o hillige Christ/Wente du thokamende richter bist/Lere vns hyr thoudērn dynen willen don/Vnde im louen nemen tho.

Loff vnde pryss sy Vader dyner krafft/ Dynem garten sön/de alle dinck schaffet/ In einem wesende der Dreuoldicheit/mit dem geiste dyner hillicheit/Amen.

De Hymnus/Vexilla regis prodeunt.

Des

DEs köninges bannern ghan her= vōr/de frucht des Crützes sweuet hoch her/an dem de schepper alles fleisches gehangen hefft/in sudder wyse.

Am süluen dartho se vorwundt mit einem scharpen speer tjor negenden stunde syne syde gaff water vnde blött/thor vor= delginge der helschen gloth.

Wat Dauid sang/wart do voruāl mit lauesenge in geiste gar milde/tho den minschen sezgīnde also/Godt herschet an holte aldar.

Des Crützes holt getzyret ys/mit pur= puren des Röninges Christ/alse ein gantz gudt vtherwelt stam/de solcke ledtmate dregen kan.

Daramme ys vthgerecket de heil/dat lohn vor welcker de werlt was veil/der sünde börden he vp sick nam/der helle roff he herlick wan.

L　　Solck

82

Dat

Solck Crütz billick tho latten ys/dar an
ne me Gades hemelicheit lift/darume
licht aller Christen trost/wente Godt vor
büdt alle frömde lust.

Danck sy dy Godt drefoldichlick/all
wat leuet priset darumme dy/dat du
dorch des grönen Crützes dodt vns hefft
erlöft vth ewiger nodt/Amen.

De hymnus/Vita.
sanctorum.

DEr hilligen leuent deit stedes na
Gade streuen/vnde alle vtherwel
den hyr vp erden/schollen Christo
gelick werden/darumme ys he gestoruen
en solckes tho vorweruen.

O Christ van hemmel/vornie vns
van binnen in dessen hilligen Pasche festes
dagen/vns gantz tho entslan/aller werlde
frowde/erstlick tho vormiden.

Des dodes kemper/Christ Gades Sö
schepp

lxxxii. Bladt

schepper/mit prise erstanden/van des do
des banden/vns vorlöset hefft mit dürba
rem laue also gewunnen.

Nu ys erhauen/syne gewalt mit laue/
Vn sitt tho synes Vaders rechtern siden/
entlich tho richten aller minschen bösheit/
mit strengem ördel.

O minsche bedenck dat vlitich ane vn
derlath/dyn gemöte stedes/vaste tho en
richte/mit gantzem louen/dat du syner
frowde werdest nicht berouet.

Dat giff vns Vader dorch Christum dy
nen sön/dat wy dynes willen/mögen so
vorwachten/in vnsem leuen/vnde dynes
geistes werckinge/in vns beuinden/Amen

De Sůdesche
Vesper.

L ij   Desse

83

Dat

Desse nanolgenden Antiphen
mag me singen thom anfange der Vesper/
des Completers/der Metten
vnde Missen.

Veni sancte spiritus etc.
Kum hillige geist Here Godt etc.
Collecta.

OBarmhertige Godt/de du geleret
hefft de herten dyner getruwen/
dorch de vorlüchtinge des hilligen
geistes/vorlene vns in dem sůluen geiste
de gerechticheit tho betrachtende vnde t o
bedenckende/dat wy vns stedes synes tro
stes mögen frőwen/Dorch Jhesum Cyri
stum vnsen Heren/Amen.

Hir mag me thor Vesper etlike
Psalmen vth dem Psalter nemen.
welcker men wil.

De cxiiij.Psalm/ In exitu Isra
rael de Egypto.
Do

lxxxiii. Bladt

DO Israel vth Egypten töch / Dat
hus Jacob van dem frömden vol
cke.

Do wart Juda syn hilgedom / Israel
syne herschop.

Dat meer sach ydt vnde flöch / de Ior
dan wende sick tho rügge.

De berge sprüngen vp alse de weder/
De klenen berge alse de yungen schape.

Wat was dy du meer dat du flögest/
vnde du Jordan / dat du tho rügge wen
dest.

Gy berge dat gy vpsprüngen alse de
weder? Gy klenen berge alse de iungen
schape.

Vor dem HEREN beuet de erde / vor
dem Gade Jacob.

De den vels vorwandelt in water see/
vnde de stene in water börne.

Nicht vns HERE/nicht vns / sonder
L iij   dynem

Dat

dynem namen giff eere/ Vor dyne gůdi-
cheit vnde truwe.

Worumme schollen de Heiden seg-
gen/Wör ys nu er Godt?

Querst vnse Godt ys im hemmel/He
maket wat em lüstet.

Yenner affgöde querst synt sůluer vn-
de goldt/ Minschen hende werck.

Se hebben münde vnde reden nicht/
Se hebben ogen vnde seen nicht.

Se hebben oren vnde hören nicht/
Se hebben nese vnde ruken nicht.

Se hebben hende vnde gripen nicht/
vöte hebben se/vnde ghan nicht/Vnde re-
den nicht dorch eren hals.

De solcke maken synt ock also/Vnde
alle de vp se hapen.

Querst Israel hape vp den HEREN/
De ys ere hülpe vnde schildt.

Dat hus Aaron hape vp den HE-
REN/

lxxxv. Blad

REN/De ys ere hülpe vnde schilde.

De den HEREN früchten/hapen vp
den HEREN/De ys ere hülpe vn schilde

De HERE dencket an vns/vnde wert
vns segen/He wert segen dat hus Israel/
he wert segen dat hus Aaron.

He wert segen de den HEREN früch-
ten/Se synt klene edder groth.

De HERE wert ydt meer don auer
iuw/ auer tuw vnde iuwe kinder.

Es synt de gesegenden des HEREN
De hemmel vnde erde gemaket hefft.

De hemmel aller hemmel ys des HE-
REN/Querst de erde hefft he den min-
schen kindern gegeuen.

De doden werden dy HERE nicht la-
uen/Noch de henunder faren in dat stille.

Sunder wy lauen den HEREN/
Van nu an beth in ewicheit.

Eere sy Godt dem Vader/vnde dem
    L iiij   Sön/

Dat

Sön/vnde dem hilligen Geiste.

Als ydt was im anbeginne/vnde nu
vnde alle wege/Vnde blifft yümmer yn
ewicheit.

Dat Magnificat/de Lauesang
Marie/Luce.j.

MIn seele erheuet den HEREN/
Vnde myn geist fröwet sick Ga-
des mynes Heilandes.

Wente he hefft de nedericheit syner ma-
get angeseen/Sü/van nu an werden my
salich prysen alle kindes kinder.

Wente he hefft grote ding an my gedan
dede mechtich ys/vn des namen hillich is.

Vnde syne barmherticheit waret van
einem geslechte thom andern/by den de en
früchten.

He ůuet gewalde mit synem arme/vnde
vorstrouwet dede houerdich sint/in eres
herten sinne.
                    He

lxxxv. Blad

He stött de weldigen van dem stole/vn-
de erheuet de nedderigen.

De hungerigen füllet he mit gůdern/
vnde leth de riken leddich.

He dencket der barmherticheit/vnde
helpet synem dener Israel.

Alse he geredet hefft vnsen Vedern/
Abraham vnde synem sade ewiglick.

Eere sy Godt dem Vader/vnde dem
Söne vnde dem hilligen Geiste.

Alse ydt was in dem anbeginne vnde
nu vnde alle tydt/Vnde blifft yümmer vn
ewiglick.

Pater noster etc.
Collecta.

O Almechtige Godt/de du bist ein be-
schermer aller der yennen/de vp dy hapen/
ane welckeres gnade nemandt ychteswat
vormach/noch wat vor dy gelt/Lath vns
dyne barmherticheit ricklick wedderfaren/
    L v   vp dat

86

Dat

vp dat wy dorch dine hillige yngeuinge den
cken wat recht ys/vnde dorch dyne werckin
ge ock dat sülue vullenbringen/ Vmme
Ihesus Christus vnses Heren willen/
Amen.

Collecta.

O Güdige Godt/du wult veel leuer dy
nem volcke gnedich syn/ denn dynen torn
auer yemandt vthgeten/vorlene allen vth
erwelden dorch dat bitter lident dynes
Söns/tho vorlatende ere sünde/vp dat se
dynen trost mögen entfangen/dorch Ihe
sum Christum vnsen Heren/de mit dy le
net vnde regeret in ewicheit des hilligen
geistes yümmer vnde ewichlick/Amen.

De Düdesche

Complet.
De iiij. Psalm/ Cum
inuocarem.

Erhöre

---

lxxxvj f.   Bla

ERhöre my wenn ick rope/Gode my=
ne gerechticheit/ de du my tröstest in
angeste/ Wes my gnedich vnde er=
höre myn bedt.

Gy menne wo lange schal myne eere
tho schanden werden. Wo lange wille gy
dat vnnütte leuen/vnde trachten na der
lögen.

Erkennet doch/ dat de HERE syne
hilligen wünderliken vöret/ De HERE
wert hören/ wenn ick en anrope.

Törne gy/so sündiget nicht/ Redet mit
iuwen herten vp iuwem leger/ vñ beidet.

Offert recht offer/Vnde hapet vp den
HEREN.

Vele seggen/wol wiset vns wat gudt
ys/Querst HERE heff auer vns dat licht
dynes antlates.

Dar du frowde med: gifst in myn her=
te/ Querst se werden groth wenn se korn
vnde most vor sick hebben

Ick

87

Dat

Ick wil my gantz mit freeden leggen vñ
slapen/ Wente de HERE allene leth my
seker wanen.

De xxv. Psalm / Ad te Domine
leuaui.

Tho dy HERE erheue ick myne seele/
myn Godt ick hape vp dy/ lath my
nicht tho schanden werden/ Dat sick
myne viende nicht fröwen auer my.

Wente dar wert nemandt tho schan
den de dyner vorachtet/ Se möthen querst
tho schanden werden / de ane orsake vor=
smaden.

HERE wyse my dyne wege/ Vnde le
re my dyne styge.

Leide my in dyner warheit / vnde lere
my/Wente du bist de Godt mynes heils/
dachlick vorwachte ick dyner.

Dencke HERE an dyne barmherticheit
vnde an dyne güdicheit/ De van der werlt
her gewesen ys.

Dencke

---

lxxxvij.   Blade

Dencke nicht der sünde myner yögent/
vnde myner auertredinge/ Querst dencke
myner na dyner barmherticheit/ vmme dy
ner güdicheit willen.

De HERE ys gudt vnde recht / Dar=
umme wert he de sünders vnderwisen vp
dem wege.

He leidet de elenden recht / Vnde leret
den elenden synen wech.

Alle styge des HEREN sint güdicheit
vnde truwe/Den/ de syn vorbundt vnde
tüchenisse bewaren.

Vmme dynes namen willen HERE/
sy gnedich myner missedadt/De groth ys.

Wol ys de/de den HEREN früchtet/
He wert ene vnderwisen den wech den he
erwelet.

Syne seele wert wanen im güden/ Vñ
syn sadt wert dat landt besitten.

De hemelicheit des HEREN ys

manck

Dat

manck den / de en früchten / Vnde syn vor=
bundt wert he en weten laten.

Myne ogen seen stedes tho dem HE=
ren / wente he wert mynen voth vth dem
nette theen.

Wende dy tho my vnde wes my gne=
dich / wente ick bin einsam vnde elende.

De angest mynes herten ys groth / vö=
re my vth mynen nöden.

Sü an mynen iammer vnde elende /
Vnde nim wech alle myne sünde.

Sü an / dat myner viende so veel ys /
Vnde mit wreueligem hate haten se my.

Beware myne Seele / vnde redde my /
lath my nicht tho schanden werden / Wen=
te ick truwe vp dy.

Slicht vnde recht behöde my / Wente
ick vorwachte dyner.

HERE vorlöse Israel / Vth alle sy=
ner not.

De p

De xci. Psalm / Qui habitat.

Wol vnder der bescharminge des al=
der högesten sitt / Vnde vnder dem
scheme des Almechtigen blifft.

De sprickt tho dem HEREN /
myne thouorsicht vnde borch / Myn Godt
vp den ick hape.

Wente he wert my redden vam stricke
des iegers / Vnde van der schedtliken Pe=
stilentien.

He wert dy mit synen flitiken bedecken
vnde dine thouorsicht wert syn vnder sy=
nen flögeln / Syne truwe ys de schildt vnde
beschüttinge.

Dat du dy nicht früchtest vor dem
gruwende des nachtes / Vor dem pile de
des dages flücht.

Vor der Pestilentzien de im düstern
slickt / Vor der süke de im middage vor=
deruet.

Wenn

Dat

Wenn rede dusent vallen vp dyner sy=
den / vnde tein dusent vp dyner rechtern sy=
den / So wart ydt doch an dy nicht lange.

Querst du werst mit dynen ogen dyne
lust seen / Vnde der Godtlosen vordelgin=
ge schouwen.

Wente Here du bist myn thouorsicht /
Du hefffst dyne thoflucht vppe högeste ge=
setter.

Dy wert nicht quades wedderuaren /
Vnde nene plage wert sick tho dyner hüt=
ten nalen.

Wente he heifft synen Eng.ln beualen
van dy / Dat se dy behöden in alle dynen
wegen.

Dat se dy vp den henden dregen / dat du
dynen voth nicht an einen steen stötest.

Vp dem Louwen vnde der addern wer=
stu ghan / Vn treden vp der iungen Lou=
wen vnde Draken.

Wente

Wente he hefft myner begert / Ick wil
em vth helpen.

Ick wil en beschütten / Wente he kent
mynen namen.

He rope my an / so wil ick en erhören / ick
bin by em in der nodt / Ick wil en heruth
ryten / vnde tho eeren maken.

Ick wil en sadigen mit langem leeuen=
de / vnde wil em wysen mynen heil.

Dat Nunc dimittis / de Laue=
sang Simeonis / Luce. ij.

Here nu lestu dynen dener in dem
frede varen / alse du gesecht hefffst.

Wente myne ogen hebben dy=
nen Heilandt gesehen.

Den du beredet hefffst vor allen völckern

Dat licht thor vorlüchtinge der Heiden /
vnde thom prise dynes volckes Israel.

Pater noster etc.

Collecta   Latet vns bidden.

M   O alt

90

Dat

O almechtige Godt / de du lest seen dat
licht dyner warheit / den dede erren dat se
wedderumme vp den wech der gerechticheit
kamen mögen /Wy bidden dy / giff gnade
allen Christgelöuigen / dat se vorwachten
wat dynem Gödtliken namen entyegen is /
vnde dat yenne annemen wat en denet /
vmme Jhesus Christus vnses Heren wil-
len /Amen.   Collecta.

Vorschone Here / vorschone vnser sün-
de / Vnde wowol den sünders ewige stra-
ffe behört / So bidde wy dy doch / giff dat
vns dat tho einer güdigen straffe kame /
dat wy tho ewigem vorderue vordenet heb-
ben /Dorch Christum Jhesum vnsen He-
ren /Amen.

Dat Salue regina.

Christliken vorandert.

Here Godt van herten wy dy grö-
ten / Röning der barmherticheit /
Vnse

xc.   Bladt.

Vnse leuent vnde söticheit /vnse trost /de
groth sy dy bereit / Tho dy ropen wy elen-
den kinder /Here in dessem iamerdale /Tho
dy schrien wy /süchtendt vnde wenende / in
dessem iamerdale /Eya darumme / dewile
dat du bist vnse vörsprake vnde thoflucht /
dyne barmhertige ogen tho vns wenden /
vn wyse vns na dessem elenden den Heren
Jhesum Christum / de gesegenden frucht
des liues Marie / O du barmhertige / O
du güdige / O du gebenediede Godt Ze-
baoth.

Da pacem Domine / Ein sang

vmme tidtliken frede tho biddende /vp de
wyse alse me singet / Veni redemptor
gentium /tho Latine

Vorlene vns frede gnedichlick / Here
Godt tho vnsen tiden /Dar ys doch
nen ander nicht /de vor vns kön-
ne striden /Ane du /vnse Godt allene.

Collecta.   M ij   Latet

91

Dat

Latet vns bidden.

Almechtige Godt /van deme alle güde
vn hillige gedancken vnde begerde kamen /
dartho ock alle rechte anslege /vnde recht-
schapen gude wercke /giff dinen knechte den
frede /den de werlt nicht geuen kan /vp dat
vnse herten vnde liue van den früchten der
viende vorlöset /dynen baden mögen ge-
horsam syn /vnde also dorch dyne gnade
vnde bescharminge /allenthaluen gudt fre-
de sy /vmme Jhesus Christus vnses He-
ren willen /Amen.

De Sůdesche

Metten.

De j. Psalm /Beatus vir.

Wol deme dede nicht wandert im rade
der Godtlosen /noch trit vp den wech
der sünder / Noch sitt dar de bespötters
sitten.   Sonder

xcj.   Bladt.

Sonder hefft syne lust am gesette des
Heren /Vnde redet van synem gesette dach
vnde nacht.

De wert syn /als ein böm geplätet an den
water beken / de syne frucht bringet tho
syner tidt /Vñ sine bleder werdê nicht vor-
welkê /vñ wat he maket /wert em gelinge

Querst so wert ydt dem Gotlosen ni-
cht ghan /Sonder als dat kaff dat de wind
vorstrouwet.

Darumme werden de Godtlosen im
gerichte nicht stande bliuê /noch de sünders
in der vorsamlinge der rechtuerdigen.

Wente de HERE kent den wech der
rechtuerdigen /Querst der Godtlosen wech
wert vmme kamen.

De ij. Psalm /Quare fremue.

Worumme dauen de Heiden /vnde
de lüde reden so vorgenes.

De köninge im lande richten sick vp
M   iij   vnde

Dat

vnde de radtheren radtslagen mit einan
der Wedder den Heren vnde synen gesal
ueden.

Latet vns thoriten ere bande / Vnde
van vns werpen ere stricke.

Ouerst de im hemmel wanet wert se
belachen / Vnde de Here wert se bespotten.

So wert he mit en reden in synem tor
ne / Vnde mit syner grimmicheit wert he se
vorschrecken.

Ouerst ick hebbe mynen Röning ynge
settet / Vp mynen hilligen berch Zion.

Ick wil van dem bade predigen / dat
de Here tho my gesecht hefft / Du bist myn
Söne / hüden hebbe ick dy geteelt.

Essche van my / so wil ick dy de Heiden
thom erue geuen / Vnde der werlt ende
thom egendöm.

Du schalt se mit dem ysern scepter tho
slan / Alse eines pötkers vat schaltu se tho
smiten.   So

relf.   Bladt

So weset nu klöck gy Röninge / Vnde
latet iuw tüchtigen gy richters im lande /
Denet dem Heren mit früchten / Vnde
fröwet iuw mit tzeterende.

Küsset den Söne / dat he nicht törne vfi
gy den wech vorlesen / wente syn torn wert
balde an bernen / Ouerst wol allen de vp
en truwen.

De iij. Psalm / Domine quid.

Ch HERE wo ys myner viende
so veel / Vnde setten sick so veel
wedder my.

Vele seggen van myner seele / He hefft
nene hülpe by Gade.

Ouerst du HERE bist de schilt vor my /
Vnde de my tho eeren settet / vnde myn
höuet vprichtet.

Ick wil mit mynem stemmen den HE
REN anropen / So wert he my erhören
van synem hilligen berge.

M iiij   Ick

Dat

Ick lach vnde slep / vnde bin vpgewa
ket / wente de HERE entholt my.

Ick früchte my nicht vor hundert
dusent volckes / De sick vmmeher wedder
my leggen.

Vp HERE / vnde help my myn Gott /
Wente du sleist all myne viende vp de ba
cken / vnde thobrickest der Godtlosen thee
nen.

By dem HEREN steit de hülpe / vnde
syn segen auer dyn volck.

Eere sy Godt dem Vader / vnde dem
Söne / vnde dem hilligen geiste.

Als ydt was van anbeginne / vnde nu
vnde alle tide / vnde blifft iummer vnde
ewichlick / Amen.

Antiphona.

Vmme den vordenst des louen / wert
billick salich geheten / wol dar trachtet na
Gades gesette dach vnde nacht.   Versi

relji.   Bladt

Versikel. Bewise vns Here dine barm
herticheit / Vnde giff vns dinen heil.

Vader vnse / de du bist etc.

Hir mach me ock eine lectien (na eines
ydern wolgeual) vth dem Olden effte Nie
en Testamente / edder vth den Propheten
lesen. Responsorium. Si bona suscepimus

So wy dat gude entfangen hebben
van der handt des Heren / worumme wol
de wy denn ock dat quade nicht liden. DE
HEHE hefft ydt gegeuen / De Here hefft
ydt wech genamen / als ydt dem Heren be
haget hefft so ysset geschehen / De name des
HEREN sy gebenedeiet.

Versikel

Bloth bin ick vthgeghan van myner
moder / bloth werde ick dar wedder hen ka
men. De Here hefft ydt etc. Eere sy Godt
dem Vader / vnde dem Söne / vnde dem
hilligen geiste. De Here hefft ydt etc.

M v   Te Deum

94

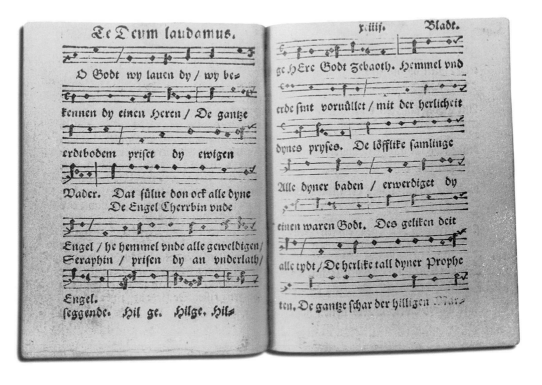

Te Deum laudamus.

O Godt wy lauen dy / wy be-
kennen dy einen Heren / De gantze
erdtbodem priset dy ewigen
Vader. Dat sülue don ock alle dyne
    De Engel Cherrbin vnde
Engel / he hemmel vnde alle geweldigen/
Seraphin / prisen dy an vnderlath/
Engel.
seggende. **Hil ge. Hilge. Hil-**

xciij.   Bladt.

ge HEre Godt Zebaoth. Hemmel vnd
erde sint vorvüllet / mit der herlicheit
dynes pryses. De löfflike samlinge
Alle dyner baden / erwerdiget dy
einen waren Godt. Des geliken deit
alle tydt / De herlike tall dyner Prophe-
ten, De gantze schar der hilligen Mart-

95

Dat

teler / lauet dy mit groter getüchenisse.
Alle Godtfrüchtigen vtherwelden / be-
kennen dy im gantzen vmmekreise der
werlde / Einen Vader der alder höch-
sten herlicheit. Dynen enigen Söne
Ihesum Christum / holden se mit dy
einen waren Godt / Darto dynen hilge

xcv.   Bladt

geist / einen waren tröster. O HERE
Christe / du bist ein Köning des prises/
Du bist ein ewich Söne dynes Vaders
Du hefft nicht vorachtet dat Jung-
frouwlick flesch anthonemen / tho vor lö-
sen all vtherwelden minschen / Do du
den stridt des bittern dodes beholden

Dat

hefft / ys allen vtherwelden geöpent

dat Ryck der hemmel. Darumme syſtu

nu thor rechttern handt im pryſe dynes

Vaders. Herna werſtu thokûmſtich

ſyn / ein geſtrenge richter. O HE⸗

RE wy vormanen dy / du willeſt dynen

getruwen behûlplick ſyn / de du vorlöſet

xevi. Blatt

heffſt / mit dynem dûrbaren blode⸗

Giff dynen fründen / dat ſe dynes

pryſes mögen deelhafftich werden⸗

HEre help dynem vtherwelden volcke /

vnde ſegene ſe de dy thom crue gege⸗

uen ſint. Vnde richte ſe / vnde ler en

dynen ewigen willen don. Wy be⸗

Dat

nedyen dy waren Godt / nu vnde tho

aller tidt / Vnde dyn nam ys tho pri⸗

ſen ewichlick / van ende tho ende.

O here bewar dyn vtherwelden tho

aller tidt dat ſe wedder dynen willen

nûmer mögē handeln. O Herr vorbarm

dy vnſer / vnde ſy vns gnedich / O Here

xevii. Blatt

bewyſs vns dyne barmherttcheit /

na dem wy vnſe vortruwent yn dy

ſetten / In dy HERE ſteit vnſe hö⸗

pen / darumme lath vns nicht tho ſchan⸗

den wer den

Folget dat Benedictus / De La⸗
neſang Zacharie Luce. j.

GEbenediet ſy Godt de Here van
Iſrael / wente he hefft beſocht vnde
vorlöſet ſyn volck.

N Vnde

98

Dat

Vnde hefft vpgerichtet ein horn der sa-
licheit in dem hufe synes deners Dauid.

Alse he en vortiden geredet hefft dorch
de mundt syner hilligen Propheten.

Dat he vns reddede van vnsen vienden
vnde van der handt aller de vns haten.

Vnde de barmherticheit bewisede vnsen
Vedern/vn dechte an syn hillige vorbunde

Dat ys an den edt/dat he gesware hefft
vnsem vader Abraham/vns tho geuende.

Dat wy vorlöset vth der handt vnser
viende/eme denen ane früchten vnse le-
uedage/in hillicheit vnde gerechticheit/de
eme geuellich ys.

Vnde du kindeken werst ein Prophete
des alderhögesten heten/Du werst vor
dem HEren her ghan/dat du synen wech
beredest.

Vnde erkenteniffe der salicheit geueß
synem volcke/dede ys inn vorgeuinge erer
sünde. Dorch

xcviii.   Blad

Dorch de hertgrun'en barmherticheit
vnses Gades/do ch w l kere vns besocht
hefft de vpganck vth der höge

Vp dat he erschine den/dede sitten in der
düsternisse vnde scheme des dodes/Vnde
richte vnse vöte vp den wech des fredes.

Eere sy dem Vader/vnde dem Söne/
vnde dem hilligen Geiste.

Als ydt was van anbeginne/vnde nu/
vnde alle tidt/Vnde blifft nümmer vnde
ewichlick/ Amen.

De Antiphen.

Gebenedyet sy Godt de Here van Is-
rael/Wente he hefft besocht vnde erlöset
syn volck.   Benedicamus.

De almechtige Godt wolde vns synen
Segen geuen/Vnse Godt segene vns/Vn
en schollen früchten alle ende der werlt/
Amen.   Collecta.

Latet vns bidden.

N ij   HEre

99

Dat

Here Godt/van dem allerley gut kümpt
Wy bidden dy/du willest vns/dynen de-
nern gnade vorlenen/dat wy dorch dyne
ingeuinge dencken wat gudt vn recht ys/
vnde dat sülue dorch dyne hülpe vnde by-
standt ock möge vullenbringen/Vmme dy-
nes söns willen vnses Herë Jhesu Christi/
de mit dy vnde dem hilligen geiste leuet/vn
herschet nümmer vnde ewichlick/ Amen.

Collecta.

Almechtige ewige Godt/giff gnade dat
in vns vormeret werde de loue/de höpe vn
de leue/vn make dat wy dyne bade leuen/
vp dat vns dyne thosage wedderfare vmme
Jhesus Christus vnses Herë willen/Amë.

Collecta.

Here Jhesu Christe/de du vns hyr inn
dem wunderbarliken Sacrament eine ge-
dechtenisse dynes lidendes gelaten hefft/
wy bidden dy/giff vns gnade/dat wy de
hilligen

xcix.

hilligen hemelicheit dynes liues vnde blo-
des so eeren vnde handeln mögen/dat wy
den mit dyner vorlösinge inn vns alle tidt
völen vnde beuinden/de du mit dem Vader
vnde dem hilligen geiste/in einem Gödt-
liken wesende leuest/vnde regerest nümmer
vnde ewichlick/Amen.

De Düdesche
Misse.
De confiteor.

Vnse hülpe sy in dem namen des
Heren/de geschapen hefft hemmel
vnde erde.

Bekennet dem Heren/wente he ys gut/
Vnde syne barmherticheit ys ewich.

Vnde ick arme sündige minsche bekenne
Gade dem almechtigen/mynem schepper
vn vorlöser/dat ick nicht allene gesündiget
hebbe/mit gedancken/worden edder wer-

N iij   cken

Dat

eken/sonder entfangen vnde gebaren bin/
Also dat alle myne natur vnde wesent/vor
syner barmherticheit strafflick vnde vor
dömlick ys/Darumme flege ick tho syner
grundelosen barmherticheit/söke vnde bid
de gnade/Here wes my armē sünder barm
hertich/Amen.

De Absolutie.

DE almechtige barmhertige Godt/
de vor vnse Sünde/synen einigen
Söne inn den dodt gegeuen hefft/
wolde sick vnser vorbarmen/vnde vns/
vmme synent willen/vnse sündt vorge=
uen/vnde den hilligen geist vorlenen allen
de an en löuen/dat wy dorch en/synen Göt
liken willen vorfüllen/vnde dat ewige le=
uent entfangen/Amen.

Introitus.

De xxxiiii. Psalm/Benedicam
Dominum etc.

Ick

e.   Blat

ICk wil den HEREN lauen alle tidt/
Syn loff schal yümmer dar in mynem
munde syn.

Myne seele schal sick römen des HE=
REN/Dat ydt de elenden hören/vnde
sick fröwen.

Priset mit my den HEren/Vnde latet
vns mit einander synen namen vorhögen.

Do ick den HEREN sochte/antwer=
de he my/Vnde reddede my/vth alle my=
nem früchten.

De vp en seen/werden vorlüchtet/Vñ
er angesichte wert nicht tho schanden.

Do desse elende reep/hörde de HEre/
Vnde halp em vth alle synen nöden.

De Engel des Heren lecht sick vmme
de her/de en früchten/Vnde helpet en vth.

Smecket vñ seet/wo fründlick de HE=
re ys/Wol dem manne/de vp en truwet.

Früchtet en syne hilligen/Wente de

N iiij   en

Dat

en früchten/hebben nenen brock.

De riken möthen nodt liden vnde hün
gern/Querst de den Heren söken/hebben
nenen brock an yenigem gude.

Hertho gy kinder/höret my tho/Ick wil
luw den früchten des HEREN leren.

Wol ysset/de lust hefft tho lerende/Vñ
wünschet gude dage tho seende.

Behöde dyne tunge vor duel/Vnde dy=
ne lippen/dat se nenen bedroch reden.

Lath vam bösen vnde do dat gude/Sö=
ke frede vnde iage em na.

De ogen des Heren seen vp de rechtuer=
digen/Vnde syne oren vp er schrient.

Dat antlath querst des HEREN steit
auer de/de böse don/Dat he ere gedechte=
nisse vthrade vam lande.

Wen de rechtuerdigen schrien/so höret
de Here/vñ reddet se vth aller erer nodt.

De HEre ys harde by den/de eines tho

braken

ef.

braken herten synt/Vnde helpet den/de
ein thoslagen gemöte hebben.

De rechtuerdige moth veel liden/O=
uerst de HEre helpet em vth dem alle.

He bewaret em alle syne knaken/Dat
der nicht ein thobraken wert.

Den Godtlosen wert dat vnglücke dö=
den/Vnde de den rechtuerdigen haten/wer
den schult hebben.

De HEre erlöset de seele syner knechte/
Vnde alle de vp en truwen/werden nene
schult hebben.

Loff vnde eere sy dem Vader vnde dem
Söne vnde dem hilligen geiste/yümmer
vnde ewichlick/Amen.

Dat Kyrioleison.

HERE vorbarme dy vnser=
Christe vorbarme dy vnser=
HERE vorbarme dy vnser=

N v   Gloria

102

Dat
Gloria in excelsis Deo.

Alleen Gade in der höge sy eere vn danck vor syne gnade/ Darumme dat nu vnde nümmemeer/ vns rören kan ein schade/ Ein wolgeual Godt an vns hat/nu ys groth frede ane vnderlath/ Alle veide hefft nu ein ende.

Wy lauen/prisen anbeden dy/ vor dyne eere wy dancken/Dat du Godt Vader ewichlick rezerest an alle wanckelnt/Gantz vngemeten ys dyne macht/ vort schüth wat dyn wille hefft gedacht/ Wol vns des synen Heren.

O Jhesu Christ/ söne eingebaren dynes hemmelischen Vaders/ Vorsöner der/ dede weren vorlaren/du stiller vnses hadders/ Lam Gades hilge Here vnde Godt/nim an de bede van vnser nodt/Vor barme dy vnser/Amen.

O hillige Geist/ du grötesie gudt/ du alder

alder heilsameste tröster/vor Düuels gewalt vordan behöde/ De Jhesus Christus vorlösede/dorch grote marter vnde bitteren dodt/ affwende alle vnsen iammer vnde nodt/dar wy vns tho vorlaten.

Dominus vobiscum
De HERE sy mit iuw.
Et cum spiritu tuo.
Vnde mit dynem geiste.
Collecta.
Latet vns bidden.
O almechtige Godt/de du bist ein beschermer alle der iennen/de vp dy hapen/ ane welckeres gnade nemandt ychteswat vormach/noch wat vor dy gildt/lath vns dyne barmherticheit ricklick wedderfaren/ vp dat wy dorch dyne hillige yngeuinge/ dencken dat recht/Vnde dorch dyne werck inge ock dat sülue vullenbringen/ Vmme Jhesus Christus vnses HEREN willen/ Amen. Collecta

103

Dat
Collecta.
O Godt Vader vorlene vns einen besten digen louen in Christum/einen vnbewegliken vn vnaffschreckliken höpe in dyne barmherticheit/ wedder alle bösheit vnser sündliken conscientien/vnde eine grundt gude leue tho dy vnde allen minschen/ Amen.
Epistel.
Ein Epistel yth den Episteln S. Pauli wat me vor eine wil/ Vnde dat schal me lesen mit dem angesichte gekert thom volcke/gelick alse ock dat Euangelion.
Alleluia.
De heil de ys vns kamen her etc. Edder ein ander düdesch ledt/wat me vor ein wil.
Euangelium.
Ein Capittel yth einem Euangelisten/ yth welckerem me wil.
Credo.
Wy löuen all an einen Godt etc. tho vorn am xxxii, blade.
Eine

Eine Christlike wise tho bichten
de einem Prester edder süs einem Christen

Leue Here vnde gude fründt/ Ick arme sünder/hebbe Gade dem almechtigen myne sünde geklaget/nömlike/ wo ydt my am louen vnde an der leue feilt. Am louen feilt ydt my/ dat ick en mynen Godt vn Heren/nicht van gantzem herten leue/my vp en nicht gentzliken vorlate/mynen trost vn thouersicht inn anfechtinge vn wedderwerdicheit/allene vp en nicht hebbe. Ock in Jhesum Christum synen Söne myne salicheit nicht gantz vnde gar sette. An der leue feilt ydt my/ dat ick mynen negesten nicht leue/alse my süluest/ia en vorfolge/hate/öuel van em rede/allent wat he deit/thom ergesten vthlegge/ vnde em nicht gudes günne/ock ene dat alder ringeste dat he wedder my deit/van herte nicht vorgeuen kan. Solckes klage ick iuw ock leue here

Dat

here vnde frünt/vnde sünderliken hebbe ick
van desser vnde desser sünde eine beswerde
conscientien.

De süluē sünde machstu hir mit

korten wörden seggen/wat ydt vor welcke
syn/wultu ydt anders don/vn also beslutē

Bidde derhaluen vmme Gades willen
gy willen my armen sünder mit dem hilli-
gen Euangelio trösten/vp dat ick eine fröli-
ke conscientien möge krigen/vn myn herte
tho frede stellen könne/vnde also getröstet/
mit starckem louen vnde vaster thouorsicht
vorgeuinge myner sünde/auerkame/Vn
tho einer gröttern vorsekeringe/den waren
licham vnde blodt Christi inn dem hilligen
Sacramente/werdigen vnde nütliken ent-
fangen möge.

Wenn dy de Prester edder

de yenne/dem du bichtest/eine Absolutien
vnde

vnde trost vth dem Euangelio secht/dem
süluen löue/grade alse sede ydt dy Godt
süluest/wente he ys dar inn de stede Ga-
des/vnde vorgifft dy de sünde na der tho-
sage Christi/Matthei.xvj.vnde xviij. vnde
Johan xx.

Eine korte vthlegginge des Va-

der vnses/Vnde vormaninge an dat
volck/vn sünderlike an de de thom
Sacramente ghan willen.

Euen fründe Christi/de wile dat wy
hir vorsamlet synt in dem namen
des Heren/syn hillige Testament tho
entfangende/So vormane ick iuw thom
ersten/dat gy iuwe herte tho Gade erhe-
uen/mit my tho bedende dat Vader vnse/
als vns Christus vnse Here geleret vnde
erhöringe tröstliken thogesecht hefft.

Dat Godt vnse Vader im hemmel/vns
syne elenden kinder vp erde barmhertichli-
ken

Dat

ken wolde anseen/vn gnade vorlenen/dat
syn hillige name manck vns vn in der gan-
tzen werlt gehilliget werde dorch reine recht
schapen lere synes wordes/Vnde dorch vn-
rige lere vnses leuendes/Vnde wolde gne-
dichliken affwenden alle valsche lere vnde
böse leuent/Dar syn werdige name inne
gelastert vnde geschendet wert.

Dat ock syn rike thokame vnde gemeret
werde/alle sünders/vorblendede vn vam
Düuel in syn Rike gefangen tho der erken-
tenisse des rechten louen an Jhesum Chri-
stum synen Söne bringen/vnde den tal der
Christem groth maken.

Dat wy ock mit synem geiste gestercket
werden/synen willen tho donde vn tho li-
dende/beide ym leuende vnde steruende/
im guden vnde bösen alle tidt vnsen willen
breken/offern vnde döden.

Wolde vns ock dat dachlike brodt geuen
vor

vor gyricheit vnde sorge des bukes beho-
den/sonder vns alles gudes genoch tho ent-
vorseen laten.

Wolde vns ock vnse schuldt vorgeuen/
alse wy denn vnsen schüldenern vorgeuen/
Dat vnse herte eine sekere conscientien vor
em hebbe/vnde vns vor nener sünde nüm-
mer früchten noch vorschrecken.

Wolde vns nicht inuören in anfechtin-
ge/Sonder helpe vns dorch synen geist dat
flesch dwingen/de werlt mit erem wesende
vorachten/vnde den düuel mit alle synen
tücken auerwinnen.

Vnde thom lesten/vns wolde vorlösen
van allem öuel beide liffliken vn geistliken/
tidtliken vnde ewichliken. De dat alle mit
ernste begeren/de spreken van herten/A-
men/vnde löuen an allen twiuel ydt sy ia/
vnde erhört im hemmel/alse vns Christus
thosecht/Wat gy bidden löuet dat gy ydt

O   heb-

Da

hebben werden/So schalt gescheen/Ame.
Thom andern vormane ick iuw in Christo/
dat gy mit rechtem louen des Testamentes
Christi warnemen vnde aldermeist de wör-
de/darinne vns Christus syn liff vnde blot
thor vorgeuinge schencket im herten vaste
vatet/dat gy gedencken vnde dancken der
gründtlosen leue/de he vns bewiset hefft/
do he vns dorch syn blot van Gades tor-
ne/Sünde/dodt vnde helle vorlöset hefft/
vnde darup vthwendigen dat brodt vnde
wyn/dat ys/syn liff vnde blodt thor vorse-
keringe vnde pandt tho iuw nemen.

Eine ander vormaninge tho den de sick willen berichten laten.

Myne alder letesten in Godt/dewi-
le wy nu dat auent ethent vnses
leuen Heren Jhesu Christi willen
bedencken vnde holden/darinne vns syn
flesch tho einer spise/vnde syn blodt tho
einem

cvi.

einem drancke/nicht des liues/sonder der
seele gegeut wert/So scholle wy billick mit
grotem vlite/ein yeder sick süluen prouen/
alse Paulus secht/vnde denne van dessem
brode ethen/vnde van dessem kelcke drin-
cken/Wente nemant schal/sonder allene ei-
ne hungerige seele/de eere sünde erkent/
Gades torn vnde den dodt früchtet/vn na
der gerechticheit hungerich vnde dörstich
is/dit Sacrament entfange/So wy ouerst
vns süluest prouen/so finde wy nichts inn
vns wen sünde vn dodt/können ock vns sül-
uest nenerley wis daruth helpe/Darumme
hefft sick vnse leue Here Jhesus Christus
auer vns erbarmet/ys vmme vnsent wil-
len minsche geworden/dat he vor vns dat
gesette vorfülde/vnde lede wat wy mit vn-
sen sünden vorschüldet hadden/Vn vp dat
wy dat ia vaste löueden vn vns fröliken dar
vp vorlaten möthen/nam he.na dem auent

Q ij   ethende

Dat

ethende dat brodt/sede danck/brack ydt/
vnde sprack/Nemet hen/vnde ethet/dat
ys myn liff/dat vor iuw gegeuen wert. Al-
se wolde he seggen/Dat ick minsche gewor-
den bin/vnde allent wat ick do vnde lide/
dat ys althomal iuw egen/vor iuw vnde
iuw tho gude gescheen/Vnde des tho ei-
nem warteken geue ick iuw myn liff tho
einer spise.

Des geliken nam he ock den kelck/vnde
sprack/Nemet hen vnde drincket vth des-
sem alle/Dat ys de kelck des nien Testa-
mentes/in mynem blode/dat vor iuw vn
vor vele vorgaten wert/tho vorgeuinge
der sünde/So vaken alse gy ydt don/so
doth ydt tho myner gedechtenisse.Alse wol-
de he seggen/Dewile ick my iuwer angena-
men/vn iuwe sünde vp my geladen hebbe/
so wil ick my süluest vor de sünde offern/
myn blodt vorgeten/gnade vn vorgeuinge

der

xvi.   Bladt.

der sünde vorweruen/vn also ein nye Testa-
ment maken vn anrichten/dar der sünde
ewich nicht schal inne gedacht werden/des
tho einem warteke/geue ick iuw myn blot
tho drincke sede.Wol nu also van dessem bro-
de ytt/vn vth dessem Kelcke drincket/dat
ys/Wol dessen wörden/de he höret/vnde
dessem teken edder dessem Sacrament/dat
he entfanget/vaste löuet/de blifft in Chri-
sto/vnde Christus in eme/vn leuet ewich-
lick/Dar by scholle wy nu synes dodes ge-
dencken/vnde em danck seggen/vnde ein
yder syn crütze vp sick nemen/vn dem Her-
ren nafolgen/vnde vor allen dingen/io ein
den andern leff hebben/gelick alse he vns
ock geleuet hefft/Wente wy vele synt ein
Brodt vnde ein Liff/de wy eines brodes
deelhafftich sint/vn alle vth einem Kelcke
drincken/Dat vorlene vns Godt alle/dat
wy ydt werdigen entfangen/Amen.

Q iii   hyr

Dat

hir na folget dat rechte ampt der Missen/Vnde de Prester nimpt dat brodt in de hende vn sprickt.

Vnse Here Jhesu Christ/in der nacht/do he vorraden wart/ Nam he dat brodt/danckede vnde brack ydt/vnde gaff ydt synen Jüngern/vn sprack/Nemet hen vnde ethet/dat ys myn liff/dat vor iuw gegeuen wert/Solckes doth so vaken alse gy ydt don/tho myner gedechtenisse.

Hir gifft he den lüden dat Sacrament/de sick willen berichten late. Darna nimpt he den Kelck in de handt/vnde sprickt.

Dessüluen geliken ock den kelck na dem auent ethende vn sprack/
Nemet

---

cviii.

Nemet hen vnd drincket alle dar uth/Dat ys de Kelck ein nye Testament in mynem blode/dat vor iuw vorgaten wert tho vorgeuinge der sünde/Solckes doth so vaken alse gy ydt drincken/tho myner gedechtenisse.

Vnde gifft denne den lüden/de sick berichten laten/ock den kelck/Vnder des singet me dat ledt/Godt sy gelauet etc. am v. blade. Edder/Jhesus Christus vnse Heilandt/am xxiiii. blade. Edder dat Düdesche Sanctus.

Dat Sanctus.

Hillich ys Godt de Vader/hillich ys Godt de Söne/beider geist truwe rader/hillich ys/rein vn schöne Ein einich woldeder/vnser vnde vnser Ve-
O iiii　der

Dat

der/mit vlite he vns wol vorsorget.

Ein starck Förste vnde mechtich Here auer Zebaoth/alle Sünde/Dodt vnde de Helle vor em gar möthen vallen/Darumme hemmel vnde erde/vul syner eere werden/vnde schrien Hosianna.

Christo sy alle tidt pryss/dede quam in Gades namen/Mit wunderliker wise/vnse viende althosamen/weldich hefft auerwunnen/vnde syn Rike ingenamen/Nu ropet alle Hosianna.

Dat Agnus Dei.

O Lam Gades vnschüldich am stamme des Crützes geslachtet/Alle tidt gefunden düldich/wowol du wördest vorachtet/Alle stünde heffstu gedragen/süs möste wy vortzagen/Erbarme dy vnser O Jhesu.

O Lam Gades etc. Erbarme dy vnser O Jhesu.

O Lam

---

cix.　Bladt.

O Lam Gades etc. Giff vns dynen frede O Jhesu.

Collecta

Wy dancken dy almechtige HERE God/dat du vns dorch desse heilsame gaue hefft erquicket/Vnde bid den dyne barmherticheit/dat du vns solckes dyen latest tho starckem louen yegen dy/vnde tho warhafftiger grundtliker vnde vüriger leue vnder vns alle/vmme Jhesus Christus vnses HEren willen Amen.

De Segen auer dat
volck na der Missen.

De HERE segene dy vnde behöde dy/De Here vorlüchte syn angesichte auer dy/vnde sy dy gnedich.

De HERE heue syn angesichte vp dy/vnde geue dy frede/Amen.
O y　Dat

108

109

Dat Register.

Gedrücket tho Mag

deborch dorch Michael.

Lotther.

M. D. xxxvj.

112

Jck dancke dij lieue here ii de
mij hebt bewaert ii In deser nacht
genere ii daer in ick lach soe hart mit
duisternis omuangen ii daer toe in groter
noet daer dij ick ben outgangen helpt
mij heer en goedt ii

Met danck wil ick dij louen ii o ghij
mijn goedt ende heer ii in den hemel
hooch daer bouen ii den dach mi oeck
geuer ii waerom ick dij to bieden ii ende
oeck dijnen wielle mach zijn ii leeit
mij in dinen sdeij ii ende breket den
wille mijn ii

Dat ick heer niet afwike ii van dquar
reeter baen ii die wijaut mij niet grijpe
daer mede ick ter moch gaen ii erholt
mij duer dijn goeden ii dat biede ick
awittich dij ii vor duruelb heft en wieden
daer mede hij setet aen mij

Den gebot mij verlenen // aen dijnn
den jesu crist // mijn sunden mij vlu
worpit // alhier tot deser tijds // dan virt
mij dat niet ontsegen // als ghij gelouit
hebt // dat sijn mijne sunden die draeg
ende verloft mij vander last //

Die hopinge mij oeck geue //
die niet verderuen laet // daertoe tij
cristlijch liefde // tho doe dien die mij
vordert // dat ich sijn goedes betuene
saeke niet daer in dat mijn // vnde
lief sijn als mijn eigen // na allen den
willen dijn

Dijn voert laet mij bekennen // deser
arger werelt // ork nij dijn ditnaer
noemen // niet vresen geuelt noch ghlit
noch gelt // dat mij balde mochte afkere
van dijder wareit klaer // biele mij
oeck niet vtscedijt van der cristliker
schaer

Laet mij den dach voltenden // te loue
den name dijn // dat ick niet van dij
wende // aent ende volstendich sij // behoet
mij lijff ende luyt Batitoe die vriech
in den lande // wat ghij mij hebt gewen //
staet al in dijder hant //

Heer cristt dij lof ick sige // om dijder
weldaet viict // die ghij mij des dagen
betuenet hebt over al // dijnen natm virk
Ich prissen // die ghij alten hist gott // mit
dijnen licc mij spijse // drynt mij met
dijnen bloet
Dij is allein die ere // dijn is allein
den roem // die vrue dij niemant mre //
dijn segen toe ons hoejt // dat wij in
vrede ontslapen // mit genade toe ons
... geft ons des geloefs gope // waer des
duiuels hist ey pijt //

heer goedt die ghij eruorscet mij erkenth
mijn ganse leeuen mijn opstaen endt sitten
ich besien van dij veere ghenen alle m
gedachten soe ich haen voer dij o godt
doen trostent staen erkent mijn
ende lassen die doe biest om mijnen paert de
rints wijb om mijn leeger gaet siet op
alle mijne straten

het is gheen voert in mijnen mont noch
reden op mijnder tongen dat u niet alle
voe sij comt eer sij werden gered noch ge
songen ich ghe set wab ich immer doe soe
biestou daer ende siet mer toe sonder deer
mit goedts wolbringe ghij rietth dan b
in mij aen dirij hant mij hreslith fi
op diender basis meer mach sub niet ge
rigen

ich ben soe suack in mijn werstant sun
heeuilicheit toe erlangen vernieft dref
daer niet maer sen doen inden ghelou

hiet ontfangen waer sal ick hen ontgaen
ouer dinen gheest die ghij aller herten
gedachten weet dijn aenghesichte weet mijn
alleden waer ick ten hemel soe bistou daer
oeck in der hellen en anders waer can mij dij
niet ontlien

neem ick vlegel der morgen roede en vliet
aen den ende des meres dijn hant mij vaet
wilt alder noet erhalden en eernersten spreck
ick winstermis decken mij soe ghelt den dach
en ende nacht en ghelicke die nacht lecht
hoe den dage bij den duisternis ghen duister
nis is alle heimlicheit sint tot alder frist dij
niemant mach verschgen

omij niemen bistou in diender gewalt
oeck alt mijn heimliche luefte hoe ick in
den moeder lijf vad ghestelt sonder mij
hielt ghij be gheruestet dijn rechter hant
gheschoed ouer mij van herten grout des
danck ick dij diender vanden fischen
adem

heer r in dot ghij mij maech vonderfaten mijn
heb petch wethoet wel verhaen dat het th
niet dynen raden

Alle mijn gebeinten hebt gij getelt daer
ick fol gebeldet werden. Dijn oegen oeck
op mij gestelt daer ick fou gebeldet werden
lach inder eerden wden moeder lijf noch
onberit des gheen vernuft niet wet bist
mijn dagen voer dij fijn getellt daer
van noch tot geen menb een mach doen
op dien boeck al ghefchreuen staen hoe la
ghij dat hebt enckllet

hoe hoftelich fijnt voer mij o goldt dijn
verkundigen gedachten hoe faet des fand
aen der fee hare vay dij verd ich niet
uenehlen fee ich oeck fub vanden doet
oeck faid op watch. dijn genade mij ha
my alder faeck hij dir verde ich bluen
die godlofyret o hofter godt die doet di

Designed and composed by Darwin Melnyk, Cathedral Graphics, in Goudy with display lines in Goudy Text MT. The facsimile was created by photographing the hymnal and converting the film negatives into digital images. The images were then corrected for halftoning, silhouetted and drop-shadow enhanced before being imaged to film. Equipment included: Apple Macintosh Quadra computers, Nikon slide scanner and Linotronic imagesetter.